資本主義批判の政治経済学

グローバリズムと帝国主義に関するノート

渋谷要
Shibuya Kaname

社会評論社

資本主義批判の政治経済学——グローバリズムと帝国主義に関するノート＊目次

第二部　階級支配と「帝国主義」の定義に関するノート

序章——帝国主義—グローバリズムと放射能被ばく下の社会再編

「富裕・収奪・棄民」の制度設計

●——帝国主義—グローバリズムの定義について

ここで本論が使っている「帝国主義」と「グローバリズム」という用法について、一言断り書きをかくことからはじめよう。これを「帝国主義グローバリズム」と単一化するなら「形容矛盾だ」と考える方は、必ずおられると思う。「帝国主義」とは、大国が一国で植民地を支配するとかのイメージが一つには定着しているのに対し、グローバリズムとは、まさにネグリが言ったような「帝国主義ではない帝国」であって、世界市場を構成するいろいろな国々や多国籍企業などが、自由に交易するイメージがあるだろう。だからそれは、真逆だという考えは成り立つ。

また、「政治的国家―市民社会」という概念から考えた場合は、国家が帝国主義に、市民社会がグローバリズムに該当するというイメージもあるだろう。

本論としては、それらのイメージを前提とした上で、「帝国主義段階」（この「段階」規定については第一部「第一章」、第二部の「第四章」「第五章」などを参照せよ）にある資本主義国家間のいろいろな競争と政治の打ち合いと協調と駆け引き、多国籍企業やいろいろなヘッジファンドなどの資本間競争・駆け引きといった場所がグローバリズムとよばれる〈資本間戦場〉であると、するものである。

また、本書は、「反グローバリズム」をはじめ、反帝国主義の実践については、基本的に関説しなかった。運動論については、別途、機会を持とうと思う。

ここではそれらをふまえつつ、こうした帝国主義―グローバリズムが組織している諸相を、日本国家・社会の現在の問題に即して概観することにする。

●――帝国主義―グローバリズムによる「収奪と棄民」の問題

【事例一】棄民……被ばく隠し――東京オリンピックが終わっても続く放射能汚染

元京都大学原子炉実験所助教の小出裕章氏は、二〇一八年八月に、IOCのバッハ会長に、東京オリンピックの中止を求めるため、「フクシマ事故と東京オリンピック」というタイトルの書簡を送った（この文は、小出氏が「イタリア在住の知人楠木淳子さんに依頼されて書きました」というものであり、「世界各国のオリンピック委員会に彼女自身が書かれた文章と一緒に送られることになっています」という位置づけで書かれたものである）。その文章には、次のように記されている。

二〇一一年三月東日本大震災における福島第一原発の大爆発事故に起因することだ。

小出氏はそこで「その事故で炉心が溶け落ちた原子炉は、一号機、二号機、三号機で、合計で七×一〇の一七乗ベクレル、広島原爆に換算すれば約八〇〇〇発分のセシウム137が炉心に存在していた。そのうち大気中に放出されたものが一六八発分であり、海に放出されたものも合わせても、現在までに環境に放出されたものは、広島原爆約一〇〇〇個程度であろう」とし、「汚染水」の増加の問題など例に挙げ、さらなる放出の危機にあるとのべている。

まさに事故原発から生み出される「汚染水」の問題では、「海洋放出」なるものを政府―東電の権力者たちは画策してきた。これも「放出の危機」の典型例だ。

そして、かかる事故で避難した人々の現状を次のように述べている。

「国は二〇一七年三月になって、一度は避難させた、あるいは自主的に避難していた人たちに対して、一年間に二〇ミリシーベルトを超えないような汚染地であれば帰還するように指示し、それまではまがりなりにも支援してきた住宅補償を打ち切った。

そうなれば、汚染地に戻らざるを得ない人も出る。今、福島では復興が何より大切だとされている。そこで生きるしかない状態にされれば、もちろん皆、復興を願う。そして人は毎日、恐怖を抱えながらは生きられない。汚染があることを忘れてしまいたいし、幸か不幸か放射能は目に見えない。国や自治体は積極的に忘れてしまえと仕向けてくる。逆に、汚染や不安を口にすれば復興の邪魔だと非難されてしまう。

一年間に二〇ミリシーベルトという被曝量は、かつての私がそうであった、『放射線業務従事者』に対して初めて許した被曝の限度である。……赤ん坊や子供は被ばくに敏感であり、彼らには日本の原子力の暴走、フクシマ事故に何の責任もない。そんな彼らにまで、放射線業務従事者の基準を当てはめるなど、決してしてはならないことである」。

（そもそも日本は「原子力緊急事態宣言」下にあるのに）「国は積極的に忘れさせてしまおうとし、マスコミも口をつぐんで」（いる）。

（この汚染物質であるセシウム137は、半減期が三〇年）「一〇〇年たってもようやく一〇分の一にしか減らない。実は、この日本という国は、これから一〇〇年たっても、『原子力緊急事態宣言』下にあるのである」。

「この国はオリンピックが大切だという。内部に危機を抱えれば抱えるだけ、権力者は危機から目を逸らせようとする。そして、フクシマを忘れさせるため、マスコミは今後ますますオリンピック熱を流し、オリンピックに反対する輩は非国民だといわれる時が来るだろう。先の戦争の時も、そうであった。マスコミは大本営発表のみを流し、ほとんどすべての国民が戦争に協力した。自分が優秀な日本人だと思っていればいるだけ、戦争に反対する隣人を非国民と断罪して抹殺していった。しかし罪のない人を棄民したままオリンピックが大切だという国なら、私は喜んで非国民になろうと思う。

フクシマ事故は巨大な悲劇を抱えたまま今後一〇〇年の単位で続く。膨大な被害者を横目で見ながら、この事故の加害者である東京電力、政府関係者、学者、マスコミ関係者など、誰一人として責任を取っていないし、処罰もされていない」。

それをいいことに、原発再稼働や、原発輸出までをやろうとしている。「原子力緊急事態宣言下の国で開かれる東京オリンピック。それに参加する国や人々は、もちろん、一方では被曝の危険を負うが、一方では、この国の犯罪に加担する役割を果たすことになる」と小出氏は表明している。

まさに放射性物質に対する統御（コントロール）などは全くできていない。「アンダーコントロール」などではなく、「アウト・オブ・コントロール」ということだ。

二〇一七年三月、政府の「避難指示区域」外から避難している「自主避難者」に対する住宅提供が打ち切られた。その時点で、例えば福島県当局者は、県内への避難者数から自主避難者数を省くということをやっている。住宅支援が終わったので避難者の数から外したということだが、それは、行政の勝手であり、避難が終わったわけではない。その後、避難指示区域が解除されるにしたがって、例えば二〇一九年三月には、「旧避難指示」区域の避難者への仮設借り上げ住宅提供が打ち切られた。

また、復興庁自体が、自主避難者の数は、もともとから把握していない。避難者数の省略は、また、避難そのものを終わらせ、二〇ミリシーベルト未満の汚染地に帰還させ、事故そのものを、隠蔽しようとしているということ以外ではない。

事故当初、震災避難者は、国家公務員宿舎などに入居した。だが、支援打ち切り後、「セーフティーネット」として二年間の猶予をとったものの、福島県は、二〇一九年三月、国家公務員宿舎の提供を受けていた人々に対し、立ち退くか、そうしない場合、二倍の家賃を請求するとの文書を各避難者に配布した。こうして、「避難の権利」の抹殺、避難者排除、避難者無視という棄民政策を常態化し、そうすることで、事故自体を、放射性物質による汚染自体を、忘却させせようとしているのだ。

それはまた、避難者の方々だけではなく、フクシマ事故での放射能汚染での被ばく死（これは受忍被ばくの立場に立つ人たちによって原因・因果関係が確証できないことが強調されているが）から人民の監視・注意といったものをやめさせ、少なくとも後景化させせようとしている。これは典型的には、「小児甲状腺がん」の発症数に関わる問題に顕著にあらわれている。だが被ばく死を想定結果とする以外ないのが放射能汚染ではないのか。

さらに言うなら放射性物質は、関東平野を中心に、「拡散と濃縮」をくりかえしており、一度の「除染」だけで、何か消えたりするようなものではない。「ホットスポット」などといわれてきたものも、絶えず変化する。それは客観的にかつ固定的に存在するものではなく、むしろ、計測者が計測器で図った場所が「ホットスポット」だという方が妥当性があるというものだ。そもそも、事故原発はいまだに、現在進行形で、放射性物質を放出しつづけているのだ。

「予防原則」という視覚から考えた場合は、「がん、白血病」などとの因果関係は確証できないといっても、それは、「因果関係はない」とはっきり言えないということであり、完全に安全が確認されたわけではない。安全が確認されるまでは、使用しない・使わないというのが、「予防原則」の鉄則である。そうでなければそれは、「未必の故意」というべきだ。まさに放射性物質による汚染（に対して何ら有効な対策さえしめしていないこと）そのものが、人民虐殺行為であり、棄民政策そのものである。

そうすることで「原子力村」は、事故の責任から逃れ、原発をゴミではなく資本設備としてこれからも維持していこうとしているのである。また東電など電力資本は、原発の爆発事故で外にでた放射性物質を「無主物」（所有者のいない物質）とし責任逃れの主張をつづけている。

その放射性物資の管理の問題での、代表例が汚染土問題だ。

この間、台風一九号（二〇一九年一〇月）では、福島県内の汚染土をつめこんだ袋（フレコンバッグ）が、河川に流された。流されないための措置を何も講じていなかったという。

二〇一九年一一月三日の「NHK　NEWS　WEB」では「環境省」の「点検」などで「福島県で九〇袋、栃木県で一袋の合わせて九一袋の流出が確認された」という。

この汚染土だが、二〇一六年環境省は、「再生資源化した除去土壌の安全な利用に関わる基本的考え方」という指針を発表した。ここで、「再生資源として利用可能な放射能濃度レベル」として八〇〇〇ベクレル／kg以下を「原則」とするとしたのである。これによって、「公共事業等における人為的な形質変更が想定されない盛土材等の構造基盤の部材に限定した上で、追加被ばく線量を制限するための放射能濃度の設定、覆土等の遮へい、飛散・流出の防止、記録の作成・保管等の適切な管理の下で、再生資材を限定的に利用する」などとしている。もっともらしいのであるが、そもそも一〇〇ベクレル／kg以上は厳重保管の放射性廃棄物であり、こうした、「利用」自体、放射性物質の拡散として禁止されるべき値である。

事故当初、この八〇〇〇ベクレル／kgは、跡地を住宅地に利用しない場合に限り、汚泥を埋め立てることができるなどとする値だった（政府・原子力災害対策本部）。また、二〇一一年六月の時点で、環境省は、セシウム137と134の濃度が、kgあたり八〇〇〇ベクレル以下の焼却灰は、「一般廃棄物」扱いで管理型処分場での埋め立て処分をしてよいということにした。そうした、値としてkgあたり八〇〇〇ベクレルという数字が使われてきた。

また、農水省は、二〇一一年六月の時点で、放射性セシウムが二〇〇ベクレル以下ならば、この汚泥を乾燥汚泥や汚泥発酵肥料などの原料として使用してよいとし、発酵肥料として再利用してよいとしたのである。

こうした、放射線量規制値の量的緩和策は、それ自体が、この事故の責任者たち（原子力権力者たち）の政治責任を緩和し、隠蔽しようとするものである。放射能汚染における健康被害というものへの注意から人々の目を逸らさせるものだ。そもそも事故原発から「デブリ」そのものを取り出せてもいない現在進行形の事故であるにもかかわらず、事故発祥の記憶そのものを風化させるものに他ならない。

放射性物質の拡散という事態はまた、事故発生以来、五四の国が、日本産の食材・食品の「輸入規制」に踏み切ったことで、日本の国際競争力にマイナスに働いてきた。

原発輸出は、日本産が危険ではないという権力者たちのアピールでもあった。現在（二〇一九年七月・農水省食料産業局HP）は、そのうち、規制措置を完全撤廃した国・地域は三二に及んでいる。輸入規制を継続している国地域は、二二である。そのうち「一部の都県等を対象に輸入規制」をかけているのは七か国。「香港、中国、台湾、韓国、シンガポール、マカオ、米国」であり、日本と密接な交易関係にある諸国が、依然として警戒感をもっているのがわかるだろう。そして、「自国での検査強化」をしてきた国が一つだけある。「イスラエル」だ。ここにも、様々な国家間の駆け引きが介在しているという、推測は成り立つだろう。

ことは食品・食材に限らない。例えば、自動車の部品なども、その部品一つ一つに放射性物質が付着しているかどうかが、問われる。

日本政府にとって、フクシマ事故起因の放射性物資による輸出阻害＝国際競争力阻害は、重要案件として確認するのが、自然だろう。そういうことからも、こうした放射性物質をめぐる情報の拡散そのものを隠蔽し、被ばく隠しを恒常化する必要があるということが言えるだろう。こうしてフクシマ原発事故に起因する「棄民」化政策は、一層の隠蔽化と深まりをみせていくだろう。

こうした社会状況を規定として、以下の抑圧と収奪、富裕と経済格差の社会設計が展開し、また、展開していこうとしている。

＊「関東平野」でも階級闘争を闘う必要は当然ある。だが、その場合、「放射能計測」ということは基本である。そうした健康被害との闘いを前提とする必要があるだろう。

【事例二】収奪……消費税問題

消費税の問題について、伊藤周平「社会保障財源論のまやかし　応能負担原則に立ち返った税制改革を」（岩波書店『世界』、二〇一九年八月号、第九二三号）は次のように論じている。この論は私が読んだ中で、もっとも包括的に論じられているものの一つである。
消費税と法人税減税の関係の話だ。

「実際、消費税の増税にあわせるかのように、法人税の減税が行われてきた。まず東日本大震災復興のための特別法人税が一年前倒しして二〇一四年三月末で廃止されてこれだけで約一・二兆円の減収となった。二〇一三年に三〇%もあった法人税率は、二〇一八年には二三・二%にまで引き下げられ、法人実効税率も、二〇一六年には二九・九%と、二〇%台にまで引き下げられている。

法人実効税率とは、法人税、法人住民税、法人事業税のほか、地方法人特別税、地方法人税を含む、企業など法人が負担している税額総額の法人所得に対する比率をいう。従来四〇%近くあった日本の税制は主要国に比べ高いとされ、それが法人実効税率、そして法人税率の引き下げの論拠とされてきた。しかし、法人実効税率は、計算上の表面的な税率を示したもので、実際の負担率を意味しない。日本の税制では、租税特別措置法や法人税法による減税措置があり（前者は試験研究費の税額控除、後者は法人株主の受取配当益金不算入など）、これらを利用できる恩恵を受けている大企業（資本金一〇億円以上の企業、以下同）の実際の税負担率は、表面上の税率よりはるかに低くなっている。

こうみてくると、法人税減税は消費税増税とセットであることがわかる。法人税収と消費税収の推移のデータをみても、地方税分を含めた法人三税の累計減収額は、税率引き下げや景気悪化による自然減収などで、一九九〇年度から二〇一八年度までで二九一兆円に達する。また、一九九二年度から二〇一八年度までの所得税・住民税の累計減収額も二七〇兆円にのぼっている。一九八九年度から二〇一八年までの消費税収の累計額は、地方消費税を含めて三七二兆円となっており、消費税の税収分は、すべて法人税・所得税の減収の穴埋めに使われたといえる」。

だがそこで、もう一つの指摘がある。

「しかし、法人税を減収しても、労働者の賃金には回ってきていない。法人税減税を含む安倍政権の経済政策（アベノミクス）により、大企業が史上最高の収益を上げているにもかかわらず、労働者には還元されておらず、労働者の実質賃金は安倍政権になって約五％も減少する一方で、大企業の内部留保は四五〇兆円と過去最高を更新している（二〇一八年一〇〜一二月期の法人企業統計）。結局、大企業や高所得者の税負担（法人税・所得税）が軽減され、中低所得者の家計負担（消費税）に転嫁されただけである」。

そもそも消費税は社会保障の財源に使われるといわれてきたが、「消費税は一般財源であり、お金に色はついていないのだから、消費税収が社会保障支出に使われたかどうかは確認しようがない」ものとしてある。そしてこのことはまた逆に「社会保障の安定化に一般財源たる消費税を用いるということは、これまで社会保障費に充てられてきた法人税収や所得税収が浮くことを意味する。つまり、消費税増収分の大半は、法人税や所得税の減税などによる減収の穴埋めにつかわれたことになる」というわけである。

そこで伊藤氏は、「累進課税の対象外となっている金融所得（株式譲渡益所有や利子・配当所得）を累進課税の対象」とする必要、法人税減税中止・アップ、低所得者の納税の基準の見直し（納税義務負担の軽減）などを提案している。

そもそも、金融ビッグバンが叫ばれ初めたころ、それまで存在した、「有価証券取引税」といった有価証券の「譲渡」への課税、「取引所税」といった「先物取引」に対する課税（どちらも、取引による損益とは関係なく）を規制する法律があったが、一九九九年に廃止されている。

まさに消費税として「消費者」たる人民から徴税し、実質賃金の下降など生活苦をしいておきながら、大企業（これはルサンチマンの表現だという人がいるが、そうではなく、中小企業法に大企業の規定がある）・富裕層は優遇する。こういう人民に対する国家による重税政策を、国家による収奪というのである。

＊　この問題に関説して、「ＭＭＴ理論」（現代貨幣理論）が、存在する。この理論に関する検討は、本書本論ではおこなわない（別稿の課題とする）。

【事例三】グローバリズム的社会再編……種子法廃止
種子法廃止をめぐる問題について、堤未果『日本が売られる』の第一章「日本人の資産が売られる」の「3　タネが売られる」（幻冬舎新書、二〇一八年）では次のように述べられている。

「バイオ企業群の要望は、九五年に設立されたＷＴＯ（世界貿易機関）によって叶えられることになる。……それまでアメリカ国内にしか存在しなかった、『植物という生命に特許を与える法的な枠組み』が、知的所有権保護の規定の中に盛り込まれたのだ」。

こうして「種子」は「知的財産」となり、種子開発と特許取得という枠組みに入れられた。それは更にＴＰＰにおいても「公共種子のデータ開放は、ＴＰＰ第一八章（知的財産の章）にそっていく」ものとなっていった。

戦後日本では、「コメ・麦・大豆」は、国家の管理責任にした「種子法」が制定（一九五二年）され、「自治体の農業試験場で県職員が原種（採取園にまく種）と原原種（原種の種）を生産し、それが種子栽培農家に配られるという流れ」ができていた。それは「国民」を飢えさせないという考えに基づいた制度設計だった。それが「公共種子」の位置づけだ。

それが、「種子法」の廃止で、「自由化」されることになった。「種子法の廃止」は種子の「自家増殖禁止」とセットで、「八〇年代以降グローバル企業が各国で使ってきたビジネスモデル」である。それはこれまで「種苗法」では、一部を除き「原則容認」だった自家増殖が禁止されることを意味する。これが日本政府でも制度設計として採用されていく・展開してゆくことになった。

これは「種子開発企業の特許を守る国際条約（ＵＰＯＶ条約——日本、米国、ＥＵなど五一か国が署名)」において、一九九一年、「開発者の許可なしに農家が種子を自家採種(農家が自ら生産した作物から種子を取ることをすること)を禁止する法整備が全加盟国に促され」、日本もこれにそって、種苗法の改定を加速化してゆく。それが、TPP成立後、ますます強化されてきた事態だ。それが種子法廃止・種苗法改定への過程である。だが例えば「二〇一三年に日本が加盟した『ITPG条約』(食料及び農業ための植物遺伝資源に関する国際条約、UPOVより加盟国数が多い)では、自家増殖は農民の権利として認められている。日本政府はなぜかITPG条約(農民の権利)よりUPOV条約(企業の権利)ばかり推進しているのだ」。

こうして、多国籍企業の国際ルールに、国内の法制が従わされ、民衆の「食の保証」「食の安全」(例えば合衆国では遺伝子組み換え種子が圧倒的に流通している)が破壊されてきたのである。

こうしたことは、水道の民営化(法制定完了)をはじめ、「漁業法(二〇一八年改訂完了)」などにも、及んでいこうとしている。

【事例四】差別主義・排外主義と天皇制支配——天皇制・徴用工問題・改定入管法

二〇一九年一〇・二二、「令和」の天皇・徳仁《ナルヒト》が即位する「即位礼正殿の儀」が、行われた。この儀式は、大嘗祭に至る天皇の即位式の一つの中心をなす行事であり、高御座《タカミクラ》を使った国家神道式であるにもかかわらず国家行事として行われた。大嘗祭(アマテラスとともに酒と新米を食すると一般に言われている神道儀式だ。これをもって、天皇が日本の歴史のなかで、「現人神」として無窮の存在となり、単に経過してゆくだけの時間ではなく、「永遠の今」として現在の歴史が、過去を伴って立体的に未来にながれているのを確認することとなる――詳しくは本書第一部第四章参照）も国家行事として行われる。

「即位礼正殿の儀」の儀式は天皇が高御座から即位を宣言し、「臣民代表」の首相がそれをうけて、「慶寿《ヨゴト》」を告げる。「天皇陛下万歳」が三唱される、といったものである。そして臣民へのその伝達のためのパレードが行われるが、今回は、台風一九号による被災でくるしむ民衆からの反感をまねかないように、一一月に延期された（一〇月二三日現在）。

高御座という上段から、民と臣に即位を宣言するというのは、「国民主権」に反する行為だ。共産党が、「憲法規定」としての「象徴天皇」との共存を認めても、これは、認められないと、式典を欠席したのは、私の立場（天皇制はいらない）からすれば、当然といえる。だが一方で、共産党は、地方議会においては――私（渋谷）の方では、かかる議案が出たすべての議会で賛成したか、どうかは情報が取れていないが――即位に対する「賀詞」などの議会決議には賛成している。「憲法規定」としての象徴天皇の即位自体には反対ではない・共存するという態度表明かと、おもわれる。

この日（一〇・二二）、東京で、即位反対のデモがおこなわれた。主催は「おわってんねっと」（終わりにしよう天皇制！「代替わり」反対ネットワーク）だ。約五〇〇名の人々が参加したという。このデモに対して警察は三名を不当逮捕した。デモの参加者（私（渋谷）は参加していない）の話では、二回、機動隊がデモ隊に突入し、過剰警備に抗議しただけのデモ参加者を逮捕していったという事態である。容疑は「公務執行妨害罪」だ。

人民（人々）主権はもちろんのこと、「国民」主権さえ踏みにじる内容の儀式、抗議の自由をも抑圧しようとする弾圧。これが天皇制であり、それ以外ではない。東京は機動隊が総動員（二万数千名といわれる）されて戒厳令状態となり、首都高速も閉鎖された。

こうした暴力体制と、国内外の特権階層を中心とした儀礼の式典は、まさに、天皇制による人民抑圧の〈歴史的連なり〉という意味での「永遠の今」をはっきりと浮かび上がらせている。その「永遠の今」が、まさに《帝国主義天皇制》という支配装置にほかならない。

そのことを、何よりも明確にしているのが、アジアと天皇制との関わりである。

「徴用工」問題と改定入管法問題が重要だ。

「徴用工賠償請求」問題は、韓国最高裁（大法院）が、日帝のアジア・太平洋戦争（侵略戦争）中に、徴用工として強制労働させられた韓国の労働者四名に対し、その労働現場となった、新日鉄住金に損害賠償を命じた（二〇一八年一〇月）ことに始まる。当時、四名の労働者は、賃金未払のまま労働させられ、感電死する危険もあったという奴隷労働の下にあった。

明らかに人権侵害そのものだ。

問題は、この賠償の請求権だ。これまで、日本政府や日本の最高裁では「日韓請求権協定」で国家間の賠償請求は取り消された（外交保護権――他国によって自国民が損害を受けた国家に認められる権利――の相互放棄）、だがそれは個人の賠償請求権まで消滅したのではないとしてきた（例えば、一九九一年八月二七日参議院予算委員会、外務省条約局長答弁）。これは、個人請求権に関する国際常識となっている通念にほかならない。それを、「日韓請求権協定」を根拠に個人の請求権まで消滅したと日本政府がいいだしたのである。韓国大法院の判決を非難するにいたった。そして、日本政府は、報復処置（半導体材料の対韓輸出規制、先端材料の輸出について、外為法の優遇制度「ホワイト国」——大量破壊兵器などの拡散を防止するための輸出管理体制が整っている国——から韓国を除外する）までも発動し（この処置を報復処置というのは、韓国側の主張だ。日本政府は徴用工問題とは無関係、「対抗処置」ではないとしている——二〇一九年一〇月二九日現在——。だが、私（渋谷）は、この韓国側の分析を支持する）、日韓関係は冷えこんでいくことになる。

これは直接には個人請求権をめぐる問題だが、その賠償請求の根本は、日本帝国主義の朝鮮植民地支配にあり、植民地人民を戦時徴用・強制徴用したという問題である。つまり、日本政府は、戦争責任は取らないということになる。

日韓併合下の、日帝の朝鮮に対する支配体制は、朝鮮総督府という権力によって運営された。総督は植民地統治の全権を掌握していた。また総督は日本の内閣の統制を受けずに天皇に直属し、軍事統帥権を行使する権限を持っていた。こうした、軍事植民地統治の下で、そうした戦争責任の下で、徴用令が施行され、徴用工や軍隊慰安婦などという軍事動員がおこなわれていったのである（詳しくは、拙著では、「日本の朝鮮侵略と排外主義」、『国家とマルチチュード』所収、社会評論社、二〇〇六年、を参照せよ）。

そうした問題を顕在化させないため、徴用工の個人請求権の消滅ということを言っていると、本論論者としては考えるものである。

＊　韓日両政府の間で、いろいろな合意にむけてのやりとりが、おこなわれているといういろいろな報道が出はじめているが……。――二〇一九年一一月五日現在。

「改定入管法」で問題になっているのも、現代の日本帝国主義と外国人労働者との関係の問題である。

外国人労働者の受け入れを拡大するのが目的だ。政府は、二〇一九年、法改定時において、介護、建設などの一四の業種に三四万人からの労働力を受け入れるとしている。新たな在留資格としては、「特定技能」といった設定で、その「一号」（相当程度の技能や知識をもつ）、「二号」（熟練した技能）といったものにわけられている。一号は、在留資格五年で、家族の帯同は認められていない。二号は、在留資格の期限はなく、更新でき、家族の帯同が認められている。ここでの問題は、安価な労働力として利用されるのではないか、雇用の調整弁となるのではないか、入国などに際しての悪質ブローカーの取り締まりの問題など、どう対処するかが、明確化されていないなど、問題点が指摘されてきた。

東電が、福島第一原発の廃炉作業に雇用するということも問題になってきた。

それらは違法残業や最低賃金法違反などの問題が常態化している「外国人技能実習制度」の存続ともかかわっている。外国人、とりわけアジア人民を、一個の「安価な労働力」とだけみなす、差別・排外主義が、労働現場で常態化していることは、技能実習制度の問題からも明らかだ。

まさに、日本全体の社会状況からいって、ヘイトスピーチ・ヘイトクライムなどが、後を絶たずレイシストなどにより引き起こされている。そして、「あいちトリエンナーレ２０１９」での「表現の不自由展・その後」の展示などへのレイシスト、ファシストたちの「中止せよ」といった攻撃にみられる事態など、差別・排外主義の運動が存在する中で、在日アジア人へのレイシスト・ファシストたちの排外主義煽動が一層強まっていくことが全国的なレベルで懸念される。

こうしたことに対し、帝国主義抑圧民族としての日本人労働者人民の、アジア人民に対する「歴史的自己批判」をかけた姿勢が、とわれているだろう。

以上の二つの問題は、いずれも、帝国主義ブルジョアジーによる労働者大衆に対する「収奪」の事例として、特に顕著なものといえるだろう。「収奪」それ自身が「暴力」なのである。

以上で分かる通り、帝国主義―グローバリズムは、エスノセントリズム（自民族中心主義）や差別・排外主義の問題を生み出しながら展開している。

●――グローバリズム的資本蓄積がもたらす新たな「収奪」――WTO型ルールと生活の変容を問う

他方、「日米貿易協定」――日米FTAの問題がある。

この問題では、「貿易障壁」――「為替操作禁止条項」――「制裁関税」を盾にした貿易交渉という問題群が特に重要と考えられる。例えばWTO原則の一つである「内国民待遇」などのような、取引となった場合、例えば、医療の分野で新薬や新治療法については、日本の医療・健康保険外の流通制度設計にすることで、合衆国で問題になっている高い医療費の時代がやってくる可能性がある。こうしたことを「見えない関税障壁」を可視化するなどとするのが、例えばＷＴＯルールということだ。

こういう貿易様式の変容における大衆「収奪」が自由貿易協定の時代に顕在化する危険性・可能性がある。そういうことを、国家間の関税率の駆け引きの問題だけでなく、あらたな資本蓄積による産業・商業の変容、人間関係・生活様式・社会様式のありようの変貌の問題などとして読み込んでゆくことが必要になっている。

＊ この貿易交渉だが、他方で、国連常任理事国入りを目指したい日帝権力者は、国連＝連合軍「敵国条項」からの日本の除外を実現することを視野に入れ、それを一つの目的として、貿易交渉を行っている可能性がある。その場合は、合衆国の要求をほぼ、受け入れる必要がでてくることが予想される。これはあくまでも、仮定の話だが。

以下、かかる資本蓄積という用語で、以下論じていこう。

●――資本主義資本蓄積の現在――階級支配に抗する「収奪との闘い」の重要性

「資本の原始的蓄積」（原蓄）という言葉がある。経済学では「近代」を告げる最初の事態だろう。中世末以降、イギリスなど西欧で、この原蓄の最初のはじまりは、領主や地主が牧羊業などを営むため、共同牧羊場などを囲い込み、土地の共有を排除して私有地であることを明示した（エンクロージャー）ことによる。農業共同体の破壊にほかならない。そのため、農民をその土地から追い出すという事態である。「土地なき農民」は、都市に住むようになり、工場で働くようになる。もともと工業は農業に従属し、農業の生産性を上げる技術力として存在していた。だが産業革命以降、工業は次第に農業から自立しはじめる。そして機械制大工業へと発展した。これが近代資本主義における産業都市を形成した。

このような原始的資本蓄積における社会の変容は、一回きりではなく、ある水準の生産と流通の秩序としての資本の経済行動が頭打ちとなったとき、これは恐慌や大不況の契機となるが、そのような破壊の中から新たな資本蓄積のための技術革新があらわれる。

そこでは、あたらしい労働力の組織化がおこなわれ、また、地域社会の様相も変貌する。

第三世界における部分的な大都市化がその典型だろう。

日本でも地方の再開発で、それまでの地方都市の形が変貌を遂げることがある。具体的な地名は控えるが、高速道路の近くにショッピングモールが並ぶ街が形成され、人々がそこを居住空間として生活し始めたため、少し離れて、鉄道の走るところにある、昔はものすごく栄えていた、人々が往来する都市の町並みが消失したというような事例がある。

そうした資本主義の資本蓄積運動は、格差社会を生む前提にあるものだ。

「持っている人は、さらに与えられて豊かになるが、持たない人は、持っているものまでも取りあげられる」（新約聖書、マタイ伝一三章一二節）ということだ。

まさに現代は、本書で問題にしている経済格差の問題が特に深刻化している。それは、労働者に対する「収奪」を激化させている。まさにその典型が、国家による消費税であるが、だがそれにはとどまらない。その中心的問題は非正規雇用の拡大である。

そこでは労働者大衆は、一個の人格と権利をもった労働者ではなく、資本が自由に使用し、また、処分できるロボットとしての「労働力」とされている。

例えば、わたし（渋谷）が一般組合員として加盟している労働組合（わたしは、組合費を収めているだけの単なる支援者にすぎないが）で取り組まれている個別の労働案件でもそうだが、典型的にはキャバクラにみられる、罰金・給料未払・即時解雇・セクハラなどであり、多くの争議が闘われてきた。こうした露骨な「収奪」は、もはや、一切の誤解をおそれずにいうならば、労働現場で労働者が生み出した「剰余価値」を、資本家が専一的に自分のものにするという意味での「搾取」とおなじような「搾取」と呼ぶには上品すぎるものだ。先に見た外国人労働者への「技能実習制度」なるものも、新手の収奪にほかならない。

これらの「収奪」のありよう（個別・現状分析）については、著者（渋谷）なりのイデオロギー的観点からの分析・整理・概念化を展開した論考を現在考案中である。

まさにブルジョアジーによる「搾取」に対する闘いとともに、こうした「収奪」と闘うことが、今、人間の解放と自由・平和を願うすべての人々に、何よりも求められていることだ。

本書は、その考え方を資本主義批判の方法という角度から展開したものである。「原理論（資本主義批判の基礎）」を基礎としつつ、歴史的な資本主義の発展過程を各段階に特徴のある国家の資本蓄積様式に定位したタイプ論として明らかにする段階論や、現状分析（現在の資本主義の諸矛盾を個別の事例を分析しながら具体的に批判してゆく）の手法で、帝国主義段階における階級支配と戦争の問題を、本書では論述している。

＊

最後になるが。

とりわけ、この「序章」で、【事例】の一節としては、長めに書いたことにも明確なように、放射能汚染――放射能被ばくに関することだ。

日本階級闘争（広義）を闘う人民には、関東平野でも階級矛盾と闘う課題がある。だが、関東平野での高度の放射能汚染による健康被害では、ここには人の名は書かないが、三〇～四〇歳代の若い仲間たちが死に追いやられてきた、というのが、私の認識にある。まさに被ばくによる虐殺である。これは「生命の収奪」であり、子供たちが甲状腺がんなどから、体調不良にいたる、いろいろな形・種類の大きな被害をうけることからも、「未来の収奪」であるといえるだろう。それらは、政府権力者たちの「棄民」化政策からきている。

そう考える人のことを「放射『脳』」というわけである。ならば「放射『脳』」でけっこうだ。

そして本当に心配だ。

千葉県の三里塚闘争（成田空港・国際空港建設のための農地・土地収奪――土地収用法の乱用にもとづく――に対する闘い）でもそうだが、原発建設には多くの国家権力機動隊の暴力が使われてきた。

原発は、原子力村―政府権力者たちによって、大きな利権を見込んで建設された。その建設には、多くの札束が建設地域で動いた。だが、それだけではない。原発に反対する運動に対する機動隊の暴力と地元反対派に対する陰湿な村八分という手法が使われた。そういう原発推進派の暴力によって建設された。そのことを決して、忘れるべきではない。

これで「序章」を終わる。

＊ 本書においては、拙著『エコロジスト・ルージュ宣言』（社会評論社、二〇一五年）所収論文を二本（第一部第二章、第二部第二章）、本書の論脈に必要と考え、再録した。

第一部――グローバリズムと帝国主義支配の諸相

第一章――投機資本主義とヘッジ・ファンド

金融の自由化と富裕層支配

●――「帝国主義」〈段階〉第三期＝「投機資本主義」〈様態〉の位置づけ

以下は著者（渋谷）の見解でしかないが、それが本論の位置づけとなるものである。
資本主義には、重商主義、自由主義、帝国主義という三つの段階があった。現代は、「帝国主義」という資本主義の「段階」を前提とし、その古典的形態を払拭・更新した「様態」をもつものへと転位した形態を示すものとしてある。

新たなその「様態」を、「投機資本主義」と規定する。が、それは、「帝国主義段階」に代わる新たな段階ではなく、あくまでも、「帝国主義段階」における「新たな様態」にほかならない。「投機資本主義様態」であり、その根拠は、これから論ずるように、「金融資本」の「様態変化」にもとづくものである。この点、誤解のないように、お願いする。

「帝国主義」には、これまで、現在に至る、三つの「様態」がある。古典的帝国主義は、レーニンが規定した「植民地主義」様態の帝国主義である。この様態はイギリス帝国主義によってつくられ、これと独占資本主義のタイプを異ならせたドイツ帝国主義との間で、対立が激化した。だが、総じて、帝国主義宗主国と植民地従属国とは、一対一の関係であり、宗主国による政治的軍事的な直接支配が経済的支配の前提としてあった。

これに対し、第二次大戦後世界では、「新植民地主義」が、主流を形成してきた。そこでは、政治的には自立した開発途上国の国民国家が主要先進資本主義国に経済的に支配・従属されることが基本的動向となった。この関係は一対一ではなく、いろいろな主要先進国が、いろいろな従属諸国の第三世界に、経済進出を行うというものとして展開している。この様態をつくったのが、アメリカ帝国主義である。

そして、現代は同じ「金融独占資本主義（金融寡頭制）」としての「帝国主義」といっても、前二者とは様態を異ならせた、「投機資本主義」の様態として展開している。これは、多国籍企業を主力としたブルジョアジー集団によって推進される新植民地主義を土台としつつ、だが、これら多国籍企業に加えて主力となったヘッジファンドなどの投機資本主義集団が、新自由主義の一特徴としての「金融の自由化」によって再編された世界に展開することを基軸的な「様態」とするものに他ならない。まさに現代は「帝国主義」段階の第三期＝「投機資本主義」様態の時代である。ここでは、「金融の自由化」により、銀行業務自体が、変化するものとなっている。また、ビットコインなどの「仮想通貨」といわれるものも登場し、「金融―自由」といったニュアンスを扇動している。

この点、わたしの認識にしたがえば、現代を、「帝国主義」段階ではもはやない、「現状分析」の時代とする経済学方法論の見解からは離れた、見解であることは、確認をしておきたいと考えるものである。本論では、この「投機資本主義」のアウトラインを概観する。

●――投機資本主義の位置づけ

投機資本主義とは、一言で言って何かを見ることから始めよう。

その位置づけを、例えば「金融の自由化」の脈絡から宇野経済学派の経済学者・降旗節雄（一九三〇～二〇〇九年）は、二一世紀資本主義の基本的特徴として、次のようにのべている。（降旗氏自身は、「投機資本主義」という言葉は使っていない。ここでは、「金融の自由化」というものに焦点を当てた論述となっている）。

「その点がどうも左翼には理解されていないと思いますが、現代の支配は帝国主義的支配ではないのです。帝国主義的支配というのは、レーニンが語ったように国内の鉄とか鉄道という重工業を基礎にして、生産力的な優位性を保つ。そしてその国がこの優越した過剰な生産力を基礎にして途上国に資本を輸出して収奪する。これをそれぞれの列強がやり出し、これがぶつかるというのが帝国主義的な支配構造です。現代はもはやそんな段階ではない。

実体は自動車とか電機という耐久消費財量産型の産業ですが、先進国はそういう産業さえも国内にもたなくなって、国際的に展開して資源と労働力の安いところで工場をつくり、世界中に売り出すという構造になっています。そして主要産業は情報とか金融という実体のない経済によって支配される。この構造が現代社会の基本構造になってきたのです」（降旗節雄著作集第五巻『現代資本主義の展開』所収、「第7章　グローバリゼーションとは何か――資本主義におけるその歴史的位相」（初出『技術と人間』二〇〇二年一・二月合併号）、社会評論社、二〇〇五年、二五七〜二五八頁）。

降旗氏はここで「もはやそんな段階ではない」といっているが、本論では、それは「もはやそんな様態ではない」とするものである。

＊　本論著者の理解では、現代の先進資本主義国家も「政治的国家」としては「帝国主義国家権力」「帝国主義国民国家」と規定すべきものであると考える。

ここでいわれている「帝国主義的支配」とは、あくまでも、〈経済・社会体制〉とこれを基軸的に総括するところの経済的国家機能をめぐることであって、経済・社会的諸関係を〈政治体制〉として総括する〈政治的国家〉、〈帝国主義国家権力〉をめぐるものとは、すくなくとも、直接的には区別して、論じられる問題領域に属するものだと考える。

●――金融の自由化とは実践的にどういうことか

その場合、ポイントは、金融自由化の最先端を行くヘッジファンドの規定だ。

「ヘッジファンドというのは株式会社ではありません。プライベートな仕組みで、九九人以下の顧客ですから、小さい。ただしアメリカの場合は、そこに参加するには資格があって、自分の余剰の金融資産、つまり自分の土地とか家屋という資産を数えないで、自由にできるお金が五億ドルあるというのがさいていげんの資格だということです。ヘッジファンドによっていろいろあるようですが、少なくとも一億ドル以上というのは、日本円でいったら一〇〇億円です。そのぐらいお金を持っている人からお金を集めて、世界的に運用する」(降旗、前掲、二五二頁)。

だが、次のような専門家筋の見解もある。

そもそも一般的に合意されたヘッジファンドの定義は存在しない。証券監督者国際機構(IOSCO)は、二〇〇九年六月、「ヘッジファンドの監督」に関する最終報告の中で、そうした「統一的な、合意された定義はない」ことから、「以下の特性のいくつかが組み合わさったものの全ての投資スキーム」をヘッジファンドとして考察するという見解を述べている。

「集団投資スキームに関する規制に通常は含まれている、借入やレバレッジ規制が適用されず、多くの（すべてではないが）ヘッジファンドが高水準のレバレッジを活用している。

（1）返還の運用報酬に加えて相当額の成功報酬（しばしば収益の一定割合）が運用者に支払われる

（2）投資家は、通常定期的に、例えば四半期ごと、半年ごと、一年ごとのようにしか解約できないこと

（3）しばしば運用者の自己資金の相当額が、投資されること

（4）しばしば投機目的でデリバティブが使用され、また、空売りが可能なこと

（5）より多様なリスクまたは複雑な金融商品が用いられること」

（出所　ＩＯＳＣＯ〔２００９―１〕、高橋誠・浅岡泰史『ヘッジファンド投資ガイドブック』、東洋経済新報社、二〇一〇年、一五頁）。

●――投機資本主義の手法

だから、ここでポイントとなっているものは、ヘッジファンドをはじめとした投機の手法それ自体である。以下のようなことを多額の資金を使って行う、少数の私募・有志集団がヘッジファンド

だということだ。

その手法は先の文章で、すべてカタカナ用語で書かれている用語にある。これらの内容を、本論に必要と考えられる範囲で確認する。

◆レバレッジ……レバレッジ取引のレバレッジとは、「てこ」のことであり、ポイントは、「証拠金」（担保金）である。例えば、一〇万円の証拠金で、取引所によって倍率の限度は違うが、例えば五倍のレバレッジ取引の場合は、五〇万円でのとりひきができる。例えば、先物買いなどは、これで大きなリターンが期待できる。

◆デリバティブ……金融派生商品。株、債券といった金融商品ではなく、その取引に派生して生まれる権利や契約を売買する金融商品。例えば、本論との関係で言うなら、CDS（クレジット・デフォルト・スワップ）がそれで、取引先の倒産に備える保険としての位置づけを持つものである（この解説文の最後の項目「リスクまたは複雑な金融商品」の項目を参照のこと）。

◆空売り……信用取引口座を開設することが前提だが、株の取引の場合、例えばA社の株での場合、自分（Bとする）はA社の株は保有せず、また持っていても使用せず、他のA社株の所有者（C、実際は法人）から借り入れ、例えばA社株が一〇万円のときに売る、そしてA社株が八万円になったときに、買い戻す。するとBの手元に、二万円の差額収益が発生する。こうして買い戻したA社株を、借りたA社株所有者（C）に返す。このときBは、その借りた所有者（C）に「手数料」を支払う必要がある。A社株所有者（C）もそれで、収益を得る。

つまり将来値下がりしそうな株を探すことがポイントとなる。だが、投機的な目的では、値下がりするためにA社株のリスクを演出・組織化することが必要だ。

これを、A社のレベルではなく、一国の国債・通貨総体に対して展開したものが、ヘッジファンドによる一九九〇年代以降の、アジア、欧州などでの国家通貨危機の要因の一つとなっているものだ（後述する）（参照：「WEB金融新聞」）。

◆リスクまたは複雑な金融商品――この例としては、さまざまな場合が考えられるが、本論ではCDS（クレジット・デフォルト・スワップ）をとりあげる。

A社が、取引のあるB社の倒産に備えて、C銀行とCDSの契約をする。例えばA社が、B社に対し二〇〇〇万円の売掛債権を保有しているとすると、A社はC銀行と想定元本二〇〇〇万円のCDS契約をする。B社が倒産した場合、A社はC銀行から、元本相当額の二〇〇〇万円相当の保証金をうけとることができる。この場合、B社が倒産するまで、A社はC銀行に一定額の「保証料」（元本に対して年率三％なら、六〇万円）を支払う。B社が倒産しないうちは、C銀行は、「保証料」を得ることになる。

ここからがポイントだが、こうしたCDSは、しかし、A社がB社に対し実際上、売掛債券を保有していない場合も契約できる。そのときも、B社が倒産すれば、A社は保証金を受け取ることができる。銀行、証券会社、ヘッジファンドが、このような取引の主体だが、これらは、CDSの買い手にも売り手にもなっている。だから投機目的でやり取りされている。

また、「保証料」の「保証料率」は、例えば、B社の状態によって、絶えず変化する。倒産リスクが高まれば「保証料」は高くなり、倒産リスクが低くなれば「保証料」は安くなる。それは、企業のみならず、国家の国債などに対しても適用される。だから、債券などの信用格付けとしての位置づけもあたえられる商品となっている（参照：日本経済新聞「nikkei4946.com」「全図解ニュース解説」）。

投機資本主義のポイントをおさえたところで、まず、投機資本主義の成り立ちから入ってゆこう。

●――金本位制の最後的崩壊

一九三〇年代の世界恐慌からブロック化にむかい、保護主義を顕在化させた各国帝国主義は、第二次世界戦争を勃発させた。これは金本位制（金を本位貨幣として通貨の単位価値と一定受領の金とが金兌換をつうじて等位関係で結び付けられている制度）を廃止し、金準備とは関係なく、通貨を発行して公共事業で景気を浮揚し、さらに軍備拡張の軍事的財政政策へとむかっていったことを意味していた。

これに対し、第二次世界戦争後、アメリカ合衆国を中心とした金本位制が確立した。これがIMF体制だ。アメリカ合衆国に世界の金の七〇％が集まっていたことを背景に、アメリカ合衆国の一定量の金の価値と、各国資本主義国の通貨を結びつける体制がつくられた。それが、「金一オンス三五ドル」――日本円との関係では「一ドル＝三六〇円」という固定相場制にほかならなかった。固定相場制は為替相場の変動が起こらないから、貿易も一定の安定性の下に行うことができた。変動相場制において生じるような為替の変動を利用した投機も抑制されていた。国境を越えた貨幣の移動も規制され、通貨供給量は制限されていた。

他方、アメリカのドル散布は西側諸国の復興やベトナム戦争、後進国への経済援助――ソ連圏を包囲する目的を持つ政治的援助の意味を併せ持つ――などとして展開されていった。それはアメリカが生産力を誇示し、一人勝ちをしている以上、国際収支の黒字傾向により合衆国にドルはまた帰ってくる。

だが、一九六〇年代後半以降の西独、日本などの経済的台頭、ベトナム戦争の泥沼化による経済的弱体化が生じてくることとなる（これは、一九七五年合衆国のベトナム戦争敗戦に結果する）。

こうしたことを背景に一九七〇年を前後してドル下落の不安感からドルと金の換金が多発化した。また、そうした一人勝ち構造の消滅によって、合衆国から出ていったドルが、合衆国に帰ってこなくなった。そして、帰ってこなくなったドルは、ユーロダラーという形で、世界市場にとどまり、米金融局の管理の外で、展開することになっていった。

かかる要因からユーロダラーで過剰に集積されたドルを、換金するための、金準備が底をつき、ついに、一九七一年、金と米ドルの兌換を停止するという事態に落ちいったのである（ニクソン・ショック）。こうして金本位制は終焉し、変動為替相場制に移行した。

これは、貨幣の発行量が、金との交換に規定されなくなることを意味している。一九七〇年代初頭、先進国はそこから、スタグフレーションという不況とインフレの同時進行という事態を迎えるが、それは、市場に貨幣が過剰に供給されているが、生産的な事業では投資の機会が鈍化し利潤率の低下を解消することができないという事態に起因するものであった。このことは、オイルショックにおける産油国の外貨準備の増大と、先進資本主義国における金融緩和政策による貨幣供給量の増大などをつうじて、貨幣供給が生産的投資に向かわず、非生産的な投機経済化に向かう方向を作り出したことを意味していた。それは次のようなことだ。

●――非生産的投機へ向かった世界経済

「一九七〇年代以降、先進諸国では高度成長が終わり、高い利潤率を求める者にとって投資機会がなくなっていた。そういう時代にあってなおも短期的な観点に立って利潤追求を行おうとした時、存在した手段が投機であった。経済政策はこのような投機の機会を増やすように進められた。もしくは、このような投機を助長するような経済政策が次々と打ち出されたのである。

たとえば、証券業務と銀行業務の垣根が取り払われ、銀行は投機的行動ができるようになった。また外国為替取引における規制の撤廃も八〇年代に進んだ。たとえばそれまでは外国為替取引（自国の通貨を外貨に換えること、あるいはその逆）は財・サービスといった実際の貿易取引がある場合に限られていたが（実需原則）、このような原則が撤廃され、貿易の規模をはるかに超えて無制限に通貨を交換することができるようになったため、刻々と変化する為替レートの変動を利用して利ざやを稼ぐこと、すなわち通貨そのものを短期の投機目的の商品とすることが可能になった。このようにして、国際的な投機的活動を容易にする仕組みが作られた。

以上のような経緯をへて、八〇年代、金融は自由化・国際化されていき、それとともに投機的活動をする余地は大幅に広がっていった。すなわち、新自由主義は金融資本主義と化していったのである」（北見秀司「アタック・フランスのEU批判と代替案が示す『もう一つの世界』の可能性」、三宅芳夫・菊池恵介編『［共同研究］近代世界システムと新自由主義グローバリズム　資本主義は持続可能か？』所収、作品社、二〇一四年、一九三頁。以下「アタック」と略す）。

こうした〈投機—金融資本主義〉の展開は、資本主義に次のような変化をもたらしたことを意味する。

「金融資産や資本が国境を越え自由に移動できるようになったことも、経済格差を助長した。これにより、労賃の安い地域への資本移転が可能になったからである。これが、世界中の労働者を競争に駆り立て、労賃と労働環境を悪化させた。そのため多国籍企業は記録的な利潤をあげながらも、被雇用者の少なからぬ部分が貧しくなる、という事態がおこった」（同上、一九二頁)。

このことは、資本と国家の関係にも変化を与えた。

「資本の自由な移動は、国家間に法人税切り下げ競争を引き起こした。この競争を享受する多国籍企業は、収益をあげながらも法人税の低い国あるいは無税の国や地域（租税回避地・タックス・ヘイブン）で租税コストを最小化することが可能になった。これが、税を用いた、国家による所得再分配や社会保障の充実、これによる格差の是正を困難にさせた」。

そうした中で、投機資本主義の展開がすすんだ。

「資本移動の自由化は株主の力を強めるのに貢献した。株式投資はいまや世界中の有利なところでできるため、投資家とりわけ国際的に活動する機関投資家がグローバルなレベルで企業を競争させたからである。投資家は、高い配当を求め、そのため異常なまでの高い収益率を求め、短期的観点から見て採算性がないと見なされたものは廃棄するよう指導した。企業やさらにさらには政府さえも、たえずこのような『市場の判断』に晒されつつ活動しなければならず、これが長期的観点から見た場合重要であるような生産への投資を縮小させ、さらには失業率を高める結果となった」(同上、一九二頁)。

これは、脱福祉・小さな政府、規制緩和、民営化――戦闘的労働運動解体、高所得者・法人税減税、高金利政策、移動の自由―グローバリゼーションを特徴とするものにほかならない。

例えば、この場合、高金利政策は、新自由主義が台頭し始める一九八〇年代初頭において、第三世界で債務危機をつくりだしている。アメリカでは、物価の安定という目的から、政策金利がとられ、一九七九年には約一一％だった金利が一九八一年には二〇％に引き上げられた。これにより、メキシコなど先進資本主義国から経済援助をうけていた債務国や第三世界諸国では、利息が急増し、債務の返済が不可能となる事態に陥った。ＩＭＦ（国際通貨基金）はこれら負債国に援助する条件として、構造調整政策＝新自由主義政策を強制し、公務員削減・民営化、給与停止、社会福祉費の削減、価格統制撤廃、為替管理の撤廃などの措置が講じられることとなった。この結果、貧富格差が爆発的に進行した。

まさに新自由主義の市場原理主義は、投機資本主義としてカジノ化・ギャンブル化し、アジアなどの経済新興国や欧州などにヘッジファンドをこういってよければ「突撃隊」とする、ユーロ債務危機・アジア通貨危機などといわれる経済危機を作り出していった。

●――金融自由化の諸相

以上のような世界資本主義の様態変化を、もう少し特徴的な事例でみていこう。ここではまず、金融自由化の総括的な指標をみることにしよう。そののち、個々のケースについて、タイ通貨危機とギリシャ債務危機をとりあげる。その中でヘッジファンドの動向を概観する。

デヴィッド・ハーヴェイ『新自由主義』（作品社、二〇〇七年、原著二〇〇五年、監訳・渡辺治、翻訳・森田成也・木下ちがや・大屋定晴・中村好孝）では次のようである。

ハーヴェイのこの文献の「第六章　審判を受ける新自由主義」のところだ。

「一九八〇年以降に始まった金融化の強力な波は、その投機的・略奪的スタイルの点できわだっていた。国際市場における金融取引の一日の総出来高は、一九八三年には二三億ドルであったが、二〇〇一年にはすでに一三〇〇億ドルにのぼっていた。二〇〇一年の年間総取引高は約四〇兆ドルになるが、国際貿易と生産的投資フローを支えるのに必要な総額、推定八〇〇〇億ドルと比べるならその巨大さがわかるだろう。規制緩和によって金融システムは、投機、略奪、詐欺、窃盗を通じた再分配活動の中心となった。組織的な株価操作、ネズミ講型投資詐欺（注が付されている。節の文章の終わりに注の文があるが、ここでは、引用文中の（　）にて記述することにする――引用者。注・高利殖の投資対象を考え出し、投資家をネズミ講式に勧誘し、先に投資した者が後から投資した者の資金を財源にして高利回りの配当を受けとる方式。ピラミッドの底辺に近づくほどリスクが大きくなり、最終的に破綻する。この方式を編み出した詐欺師チャールズ・ポンジーの名にちなんで、「ポンジー・スキーム」と呼ばれる）、インフレによる大規模な資産破壊、合併・買収（M&A）を通じた資産の強奪、先進資本主義諸国でさえ全国民が債務奴隷に追い込まれるほどの額の債務を支払わせること、そして言うまでもなく、会社ぐるみの詐欺行為や信用と株価操作による資産の略奪（年金基金の横領と、株価暴落や企業倒産によるその多くの破壊）。これらすべてが、資本主義的金融システムの中心的な特徴となった。金融システム内部で価値をすくい取る方法は無数に存在する。金融ブローカー（証券会社など）は一回の取引ごとに手数料をとるので、顧客の取引口座上で頻繁に売買取引をさせることによって――その取引が顧客の口座の資金を実際に増やしているかどうかにかかわらず――ブローカーは収入を最大限に増やすことができる（「過当取引」として知られている操作）。株式取引の出来高の高さは、市場への信頼性というよりも過当取引を反映しているだけかもしれない。株価が重視されるようになったのは、経営者への自社株購入権（ストックオプション）という報酬制度を通じて、資本の所有者と経営者の利害が結びついたからである。これは今日では周知のように、多数の人々を犠牲にして、少数の人々に巨大な富をもたらすような市場操作を招いた。エンロンの劇的な崩壊は、多くの人々から生計と年金の権利を奪い取る全般的なプロセスを象徴している」。

＊　エンロンの悲劇……総合エネルギー会社エンロンが起こした不正会計事件。エンロンはデリバティブなどの金融技術、ＩＴを駆使したビジネスモデルを確立した。だが二〇〇一年、自社株を吊り上げるためにした、巨額の粉飾決算が発覚、株価が暴落。破産宣告し倒産。それに引き続いて、これに加担した米大手会計事務所アンダーセンが消滅するなど、多数の会社で不正会計などが発覚。これに対して二〇〇二年、ＳＯＸ法（企業改革法）が施行された。

「それだけでなく、ヘッジファンドをはじめとする巨大金融資本の諸機関によって行われた投機的な売り崩しにも注目する必要がある（節末注をここに挿入する――引用者。売り崩し――株価や通貨を人為的に暴落させるためにヘッジファンドや投資家がいっせいに特定の通貨や株を売りに出し、十分下がったところで買い戻して、短期間に巨万の富を得る方法。ジョージ・ソロスが一九九二年に英ポンドに対してしかけて大もうけし、一九九七～九八年のアジア通貨危機でもこの方法が用いられた）。なぜなら、たとえ彼らが『リスクの拡散』という積極的利益をもたらしているとみなされていたとしても、これは実際にはグローバルな舞台での『略奪による蓄積』の最先端をなしているからである」（二二四～二二五頁）。

これは本論の冒頭で確認した「空売り」の手法だ。

●――金融の自由化と生産のグローバル化

こうした投機資本主義の形成過程を実体経済との関係で、とらえるなら、次のようになるだろう。それは、多国籍企業の世界的な展開を媒介としたものだ。

「世界市場を一国内市場と同様に見なして、世界的な生産立地の最適な組み合わせを考える巨大企業が大量に出現すると、したがってまた各国間の貿易構造に大きな影響をもたらす。

……多国籍企業の親会社と子会社あるいは子会社相互間の財の移動――『企業内貿易』――が世界貿易全体の中で占める割合は、極めて高い」（柳田侃・野村昭夫編著『国際経済論――世界システムと国民経済』、ミネルヴァ書房、一九八七年、八六頁）。

「ユーロ・ダラー市場の成長は、……米多国籍企業の発展と密接に結びついており、そうした結びつきを促したのが米銀の国際化であった。つまり、米銀の海外（とりわけ欧州）への進出は、米多国籍企業への巨額のファイナンスを最大の理由としたのである。……さらに七〇年代以降になると、米銀以外の他国の銀行の国際化すなわちユーロ・バンク化が進行するなかで、かれらはオイル・ショック以降の国際収支の赤字ファイナンスをおこなう一方、多国籍企業の膨大な資金需要を満たす役割を一層促進したのである。……多国籍企業はそもそも、対外直接投資の資金としては親会社によって調達する部分を極力抑え、できる限り進出先ないし国際金融・資本市場で調達する傾向が強い、……銀行の国際化、国際金融・資本市場、ならびに多国籍企業の三者は、いわば三位一体的な発展を遂げていると考えることができるのである。ここにわれわれは、多国籍企業への世界的な規模での資本集中という、資本集積のきわめて今日的な姿を見いだすことができよう」（前掲、一三九頁）。

「多国籍企業は他方で、国際金融市場を巨額の資金をプールする場として利用している。その国際金湯資本は、いわゆるオフショア・センターとしてのタックス・ヘブン（税避難地）と呼ばれるものである。それは、法人税・資産税を免除・軽減する目的を持った市場であり、そこでは実際の取引がおこなわれているわけではなく、名目的に多国籍企業の本社が法的所在地として置かれている」（前掲、一三九頁）。

このタックス・ヘブンは「バミューダ・バハマ・蘭領アンティル・バハマなど」であり「ここでは、企業活動に対して課税はないか、あってもわずかである。したがって多国籍企業の企業収益をタックス・ヘブンに移し、租税の回避をはかる。

そのやり方は、こうである。例えば、東南アジアの現地子会社でカラー・テレビの部品組立をおこない、製品をEC（当時の呼び名、まだEUではない――引用者）内の現地子会社を通じてヨーロッパに販売している米系多国籍企業を取りあげてみよう。この企業は子会社S1への租税を回避するために子会社S3を（タックス・ヘブンに――引用者）新たに設け、S1の組立加工によるカラー・テレビを、S3を経由して子会社S2に輸出するという方途をとる。その場合、例えばS1は五〇ドルで親会社Pから輸入した部品を組み立て、製品を五〇ドルでS3に輸出する。S2による輸入価格が一〇〇ドルだとすれば、本来S1が獲得すべき利益五〇ドルは価格操作によってS3に移転され、S1への課税は回避されるという次第である。無駄な、しかし多国籍企業にとっては重要な企業内取引が、新たに付加されることになるのである」（前掲一九〇頁）。

つまりS1（東南アジア）からS2（EC）に輸出すれば、S1は課税されるが、S3（タックス・ヘブン）からS2に（EC）に輸出したことにすればS1への課税は回避されるということだ。実体経済と投機資本主義の相互関係は、こうして形成されていった。

「経済の実体を見ますと、主として先進工業国同士が水平分業を拡大してきましたが、これも帝国主義段階にはなかったことです。例えば日本の自動車会社がアメリカで自動車を造ります。トヨタ、日産、ホンダ。マツダ、富士、いすゞなどはアメリカに工場をつくり、日産、三菱、すずき、トヨタはさらにGMなどと合弁会社をつくっています。アメリカのフォードやGMもヨーロッパに工場をつくっています。電機、ハイテクも皆そうです。先進国同士で高度な製品の水平分業を拡大しています」（降旗、前掲、二〇二頁）。

さらに、こうした実体経済は、生産力の中身の問題として、ME化と金融の世界化というものに展開して行く。

「金融商品もさまざまなものが出てきました。譲渡性貯金（NCD）、市場金利連動型貯金（MMC）、相場連動型貯金、オプション付貯金、オフショア・ファンドなどさまざまですが、これは……金融の世界化とコンピューター化の結果です。貯金をしておくとその額に応じて一番利子率の高いところに自動的に振り替えてくれるというサービスもありますが、これはコンピューターがなかったら膨大な費用がかかってできない。コンピューターの出現によってはじめて可能となった貯金や融資の形態上の変化です」（降旗、前掲、二〇六頁）。

情報・金融の世界化とME化を軸とした世界経済の展開。まさにこれらが実体経済と投機資本主義の相関関係ということになるだろう。

以上のように展開してきた世界経済だが、二〇世紀の後半から、かかる金融の自由化は、新たな様相の金融危機・国家財政危機をつくりだしてゆく。

●——金融危機の展開図

ここで、二〇世紀最後期の金融危機の展開図を概観しよう。同じハーヴェイの著作から引用する。

「金融危機は、ある地域を震源地にするとともに、次から次へと伝染していくものでもあった。一九八〇年代の債務危機は、メキシコに限られたものではなく、世界的な広がりを持っていた。……それから一九九〇年代には、相互に関連した一連の金融危機が二度にわたって起こり、不均等な新自由主義化という否定的傷跡を残した」(同上、一三四頁)。(メキシコ危機は、ブラジル、アルゼンチンなどに波及していく。また)「さらに広範囲にわたった金融危機の第二の波はタイを震源地とするものであった。それは一九九七年、投機的不動産市場の崩壊につづくタイ・バーツの暴落をきっかけとして起こった。この危機は、まずはインドネシア、マレーシア、フィリピンに、次に、香港、台湾、シンガポール、韓国に伝染した。その後、エストニアとロシアが強烈な危機に見舞われ、まもなくブラジルが崩壊し、アルゼンチンに長期的影響をもたらした。オーストラリア、ニュージーランド、トルコさえも影響を受けた。……開発主義国家によって推進された『東アジア蓄積体制』全体が、一九九七〜九八年に過酷な試練を受けた。これによる社会的影響は壊滅的なものであった。

『この危機が進行するにつれて、失業率は急上昇し、国内総生産（GDP）は急落、銀行は閉鎖された。失業率は韓国で四倍、タイで三倍、インドネシアで一〇倍になった。インドネシアでは、一九九七年の就労男性の約一五％が一九九八年八月までに職を失っており、経済的荒廃は中心地ジャワ島の都市部でとくにひどかった。韓国では都市貧民層がほぼ三倍に増え、全人口の約四分の一が貧困状態に陥った。インドネシアでは貧困層が倍増した。……一九九八年のGDPは、インドネシアで一三・一＆、韓国で六・七％、タイで一〇・八％減少した。この危機の三年後のGDPでも、危機以前に比べて、インドネシアで七・五％、タイでは二・三％低かった』」（同上、一三六〜一三七頁）。

＊『 』内の引用文は、引用者（渋谷）の方で、『 』を付したものである。また、文章の終わりには「注」が付されており、邦訳で、「スティグリッツ『世界を不幸にしたグローバリズムの正体』一四六〜一四七頁」と指示されている。

●──タイ通貨危機

アジア通貨危機は、一九九七年、タイ、インドネシア、韓国などの経済新興国で連鎖的に発生した。そして、ロシアやブラジルなどに飛び火して行く。日本でも融資の焦げ付きなどから金融危機が発生した。

　タイ・バーツ危機の遠因はプラザ合意にはじまる。これは一九八五年、合衆国の貿易赤字を解消するため、ドル安に先進国各国が協調して誘導したものだ。ドル安は、例えば合衆国の輸出品を買いやすくし、貿易赤字を縮小する。

　一九九〇年代、米ドルとの固定相場制であるドルペッグ制（ドルに対して固定して連動する為替のメカニズム）を、タイをはじめとしたアジアの経済新興諸国は、とっていた。ドルとバーツは等価だ。バーツはドル安の恩恵をうけることになる。

　これはまた、企業などにとっては為替変動のリスクを回避できることを意味する。しかも、タイは、高金利に自国通貨を設定することで、例えばバーツで貯金した方が、ドルでするより、お金を増やすことができた。また、タイの国内で活動する企業にとっては、タイの高金利と、ドルの低金利との差を利用して、ドルでお金を借り、それをバーツに換えて運用し、バーツをドルに換えて返せば、バーツで借りてバーツで返すより、安く返済できる。

　タイなどのアジアの新興諸国は、外国通貨の流入に対する規制を、工業化などの観点から緩和しており、以上のような条件において、先進諸国は、タイに資金を流入させ、タイはその資金で不動産などの設備投資を拡大していくことができた。

　だが、一九九五年、合衆国が、「ドル高」政策に転換。これを受け、新興国の安い製品輸出は、ドルペッグ制のため、ドル高に影響され、高い輸出品へと転じてしまった。これはタイの経済における輸出・価格競争力が低下したことを意味する。（つまり例えばの話、日本円でいうと、これまで、一ドルを一〇〇円で買えていたものが、一三〇円出さないと買えなくなったということだ)。

輸出が縮小すると、経常収支の赤字幅も膨らんでくる。その他の要因、例えば住宅バブルがはじけ、不良債権が増加したことなども影響し、経済成長は鈍化。バーツの貨幣価値は、下がってゆく以外ない。ドルペッグ制を維持できるのは、明確にあやしくなってきた。

だが、ドル高は進行し、ドルペッグ制であったため、バーツの価値はそれ自体として、下がらなかった。これは、バーツの価値が不相応に高く評価されていることを意味した。

ここで、これはいつかは、バーツの価値は下がるし、下がるように操作・誘導できると考えたのがヘッジファンドだ。

ヘッジファンドはバーツを巨額に〈空売り〉(このやり方の基本は本論の前の方で書いたとおりだ)しにかかった。海外にバーツが大量に出始める。これをタイ政府は、買い支えしようとした。これを見て、タイにおける金融の自由化で、大量にタイに流入してきていた外国資本・投資家は、ドルペッグ制が崩壊した場合、前述したように、高金利が今まで有利に作用してきたことの正反対として、高金利が借金の返済額を、おしあげるなどの、巨額な損益が発生することなどから、タイから資金を引きあげはじめた。

そうした攻防の結果、タイは、政府の買い支えもむなしく、ヘッジファンドに敗北し、バーツの価値が下落。ヘッジファンドは巨額の富を手にした。

タイは変動相場制に移行。IMFの構造調整プログラムで、緊縮財政をしいられることとなった。まさに「略奪による蓄積」(ハーヴェイ)だ。

●──ギリシア債務危機の位相

欧州においては、金融危機での金融・財政の改善が自国の力だけではできないとされる諸国を総称して、PIGSという言葉ができている。これは、ポルトガル・アイルランド・ギリシア・スペインの頭文字を意味するものだ。二一世紀に入り、ギリシア、アイルランド、スペインに債務危機が襲った。アイルランド、スペインは住宅バブルが原因だった。ここでは、ギリシアについて見ていこう。

ギリシアの財政赤字の原因は、公務員の多さにあるとする分析がある。全労働人口の四人に一人が公務員であり、それが生産性を阻害しているというわけである。だが、例えば、アタック・フランスが主張するものはそれとは異なっている。

ギリシアの債務累積は、ギリシアが軍事政権であった一九六〇年代から始まっている。民政に移行してからも債務は増え続けた。その原因は軍事政権期からの武器の輸入にほかならない。ドイツやフランス、イギリス、ロシアといった国々の軍事兵器産業の得意先だ。「このような状況の下、軍事費は膨れ上がり、GDPの四%を占めるにいたったが（ちなみにフランスは二・四%）、EUは、ギリシアを財政支援する際、緊縮財政を要求したにもかかわらず、なぜか軍事費削減は要求しなかった」（「アタック」、一九八頁）とされる。

さらに、インフォーマルセクター（非行政指導セクター。国家の統計記録がない産業で、被店舗の行商など）が、ＧＤＰの三五％を占め、税収の二〇％が失われていること。また、ドイツ、フランスなどの銀行が、欧州中央銀行から低利で資金を調達し、それより高利でギリシアの政府や民間部門に貸し続け、利益を得ていた。民間部門の債務はこの銀行ローンによって増え続けていた。

二〇〇九年、政権交代を機に、それまでの政府発表で、財政赤字がＧＤＰ比五％に対して、一三・六％（二〇一〇年四月発表の数字）であることがわかり、財政危機が表面化する。

それを発端として、ヘッジファンド、大手投資銀行による、ギリシア国債に対する投機がはじまった。つまり、「ギリシア債の価格を急落させ、ＣＤＳに対する投機と国債の『空売り』によって利益を上げようとした」（「アタック」、一九八頁）のである。

ＣＤＳは、本論冒頭で解説したような仕組みであり、この場合は、ギリシア債が投機対象となる。ギリシア国家が国債の債務の返済ができなくなった時、このＣＤＳの発行元である銀行や保険会社が代わって、債権者に損害額を支払うが、ＣＤＳの買い手は売り手に保証料を支払わねばならない。ポイントは債務者の返済能力がなくなってゆくほど、保証料は高くなってゆく仕組みにある（また、実際に国債を保有していなくても、ＣＤＳは売買できる）。さらに、ヘッジファンドなどの機関投資家たちがギリシア国債の『空売り』を展開した。

この場合の「空売り」の契約は、ギリシャ債が、現在あるユーロ価値に対し、例えば、一〇％下がった数か月先に予測される価値で売る内容で契約する（契約時は、まだ購入しない）。実際は、数か月先、一五％下がっていれば、その一五％下がった価値で買ったギリシャ債を、契約通り一〇％下がった価値で売る。五％の儲けがでるという手法だ。

「そのため機関投資家は、ギリシア国家財政の危機を鳴り物入りで騒ぎ立てた。……続いて、このようなCDSの急騰を見て、格付け会社は、ギリシア政府の返済能力が低いと判断し、国債の格を下げた。その結果、国債の金利が急騰し、ギリシア政府の借金は膨らみ、危機がさらに深刻化した」。二〇一〇年五月、EUによるギリシア救済措置が講じられたが、それは、ギリシアの国家破産で、債務一部帳消しなどの事態を避け、投資家たちの利益を守るためだったと、アタック・フランスは分析する。

その結果、ギリシアは緊縮財政を強いられ、「定年退職年齢が六七歳に引き上げられ、年金は七%、公務員の給与は一五%削減され、消費税は二%引き上げられた」（『アタック』、二〇〇頁）ということになった。

●――富裕層の世界権力とヘッジファンド

以上見てきたようにヘッジファンドは、世界中を、こういってよければ〈遊牧〉し、各国の財政矛盾に付け込んで、大きな収益をあげている。

例えば、反貧困NGO・オックスファムが二〇一四年に出した数字では、世界の個人資産の上位一%が所有する富は、世界の四八%、一人当たりで平均二七〇万ドル（約三億二〇〇〇万円）だが、それは、厳密な数字がどうの、というよりも、その規模にまずは注目すべきだ。そして、その資金運用では、レバレッジを効かせた、もっと大規模な額の運用が可能となるだろう。

「ヘッジ・ファンドなどが動員する投機マネーは、一国の経済を呑み込むことができるばかりか、世界経済を震撼させるだけの規模があるのである。……ここで『レバレッジを利かせる』という手法が重要になる。レバレッジとは英語で『梃子』という意味だが、金融の世界ではこれを、実際の手持ちの資金よりも大量の資金を動かして投資する行為をさして呼んでいる。ヘッジ・ファンドは、調達してきた大量の資金を元手に借り入れをしてレバレッジを利かせる・そうして非常に危険であるが極めて高いリターン・レートの投資、というよりは投機を行っている。そのレートは実物資産に対する投資のレートをはるかに上回る。そのため本来ならば実物資産に向かうはずの投資に金が回らなくなる」（志賀櫻『タックス・ヘイブン――逃げてゆく税金』、岩波新書、二〇一三年、一五二～一五三頁）。

こうして得た収益は、ヘッジファンドが、一般の人々に資金を公募する株式会社などとは異なり、少数の私的に集まった人々の資金で運用されるため、公的規制が適用されない。さらに、租税回避地が、これらの収益をまもることとなる。

「ヘッジ・ファンドは、タックス・ヘイブンないしオフショア金融センター（オフショア・マーケット……国内市場と切り離した形で、被居住者の資金調達、運用を、金融、税制、為替管理などの機制が少ない自由な取引として認める市場と一般に規定されているもの――引用者）で設立されていることが多い。これは、タックス・ヘイブンの重要三要素である、税制、秘密保全、規制監督法制などを考えての選択である。たとえば、ソロスのクォンタム・ファンドはキュラソー（タックス・ヘイブンでカリブ海にある、オランダ王国の構成国――引用者）で設立された」（同上、一五六頁）

ということである。

●――結語

本論では、ヘッジファンドに代表される金融の自由化の様態を概観してきた。まさにこのヘッジファンドが富裕層支配の突撃隊である。

この投機に対する規制の方法については、投機行為に対するトービン税などでの課税の主張、「民主主義的グローバリゼーション」でのヘッジファンドの廃止やデリバティブの廃止などの主張、ピケティによる「税制社会国家」の主張、反グローバリゼーションの地域共同体の復権・創造という考え方などが、いろいろな人々によって展開されてきた。とりわけ、二〇一二年におけるフランスでの金融取引税の成立で、それらの主張が、いかほどかの現実味を帯びてきたものでもある。この仏金融取引税だが、対象は上場株式や一部のデリバティブに対するもので、買い手に〇・二％の税率での課税が実施されている。

日本では海外合弁企業における法人所得の海外流出に対する移転価格税制などは、日本でも実施されているが、投機や資産に対する税制対策は、これからである。

同時に今後、先に挙げたさまざまな主張には、さらに具体的な政策提言や法制定プロセス、または、転じて、投機資本主義打倒の革命プロセスとして現実化して行く道のりをあきらかにすることが求められているといえるだろう。

＊　だが、そもそも、日本にも、株券、債券など私法上の財産権を表示する「有価証券」の譲渡に対する課税が存在した。それが「有価証券取引税」である。また、先物取引などを課税対象とする「取引所税」があった。これらは、損益の結果にかかわらず課税するものであった。まさにこれらが一九九九年、廃止された。
金融ビッグバン——投資信託商品の多様化、証券デリバティブ（金融派生商品）の全面解禁、資産担保証券など債券の流動化などの金融システムの自由化に対応するものだ。
あきらかに、金融の自由化は、それまでの規制を取っ払うものにほかならなかった。

第二章――書評　トマ・ピケティ『21世紀の資本』

●――はじめに

本書（『21世紀の資本』みすず書房、訳・山形浩生、守岡桜、森本正史、二〇一四年、原著二〇一三年）著者のピケティは一九七一年生まれ。フランス人でパリ経済学校経済学教授など経済学の研究者。本書は米国（英語版）では発売三か月余りで四〇万部を販売した。本書は格差社会を分析した迫真の研究書である。また米国・ウォール街の「一％」の富裕層を糾弾する運動と連動するものとなっている。

このピケティの著作をめぐっては、様々な論評が存在する。その中では、アメリカの状況とだけ合致するという評者から、日本の場合は、この欧米のケースには当てはまらないというものまで、いろいろだ。しかし、そういう多くの論者たちは、この格差論―富裕税論が、日本階級闘争に使われないように、私の言葉で言えば、主体的に利用されないようにするという目的を持って、半ば、理論内容について、一つのポイントのみを過大にクローズアップさせるような、論述が見られるということに他ならない。また、逆に、搾取論がないという左翼的な批判なども見聞する。それはどちらも自由にやればいいことだ。

ただ、本論では、ピケティに内在し、その著述の意図に、できるだけそって、内容の論脈から学ぶという方法を用いることにする。

先に述べた、様々の論者・評者の論述に対する私の見解は、別稿にゆずることにしたいと思う。その場合、一言だけ言っておくと、このピケティの著作は、「資本主義の法則」として、いくつかの式を論述し、それを本論全体を貫く思考の基軸としているものの、それは、一般的に、あるいはラジカルに、資本主義を根底的に批判することに眼目がおかれているのではなく、「税制社会国家」の「富裕税」が、現代資本主義の体制にとって、妥当な税制であるという理論的枠組みをつくるためにする、理論的装置という意味合いをもっているものだということだ。ピケティは、こういってよければ、資本主義批判ではなく、ピケティの提案する富裕税の妥当性を、論証し、人々に確証させるためにこそ、この著作をあらわしたものに他ならないのである。それをふまえて、この著作と対話してゆこう。

格差の現実問題だが、例えば二〇一四年九月、国税庁は二〇一三年分の「民間給与実態統計調査」を発表した。これは、給与での格差のデータがわかるものだ。二〇一三年に民間企業に就労した労働者の中で、年収二〇〇万円以下のいわゆるワーキングプア（貧困層）が一一一九万九〇〇〇人に達していることが分かった（一九九四年で七七四万人、一七・七％）。民間給与所得者（五五三五万人、会社役員を含む）の全体に占める比率は二四・一％。

これに対し年収別一〇〇〇万円以上の人は前年より約一四万人増加して一八六万人、全体の四％である。四％と二四・一％だ。両方とも増加していることが分析として重要な意味をもつ。

ここで重要なのは、資産的立場の違いだ。給与年収一〇〇〇万円以上の人々には、株の配当や不動産など、他に投資などでリターン（資本所得）を望めやすい富裕層がそこに存在することだ。そしてピケティが論じている中心は、この層における会社の給与＝労働所得ではなく（これとても、大企業の会社役員ならば、億単位だが）、この富裕層の資本所得（資産）にほかならない。

例えば日本のブルジョアジーたちは、「フォーブス長者番付」の四〇位〜一〇〇〇番のランクに続々登場しており、「役員報酬」以外の株、有価証券の「配当」で億単位の収入をあげている。

そして、法人税の支払いでは、様々な優遇措置によって、実効税率（東京都では三五・六四％）も、ろくに支払わない企業が軒並みだ。例えばある企業は「親会社の単独決算で見ると……一三年三月期では、二三八四億円の純利益（税引き前）をあげたが、法人税の支払額はたった五〇〇〇万円。税負担率は〇・〇〇二％に過ぎない」（日刊ゲンダイ、二〇一五年一月一四日、電子版「今でも軽負担な大企業に『実質税率引き下げ』のおかしさ」）ということである。

加えて逆に貧困階層の現実だが、厚生労働省の発表によると二〇一四年一〇月の生活保護受給者は前月比三四八四人増の二一六万八三九三人、世帯数で三二八七増の一六一万五二四二世帯となった。これは二〇一三年に「過去最多」といわれた水準で推移していることを意味している。格差が拡大していることがわかるだろう。こうした格差社会の進行に対し、日本の統計も含んで、そのありようを分析し、解決策を提起しようと試みたのが、トマ・ピケティ『21世紀の資本』に他ならない。

●——ピケティの『21世紀の資本』での統計の方法について

ピケティがそこで使っているデータは、計量経済学者で統計学者のクズネッツの米国における「所得格差推移」（一九一三〜一九四八）の研究資料を拡大することを出発点としている。欧米日をはじめとして「課税記録」を収集し、「高所得層の十分位（上位一〇％——引用者）や百分位（上位一％——引用者）は、申告所得に基づいた税金データから推計」し、「それぞれの国で所得税が確立した時期から始まり（これはおおむね一九一〇年から一九二〇年くらいだが、日本やドイツなどの国では一八八〇年から開始されているし、ずっと遅い国もある）」（一八〜一九頁）という方法だ。

また「相続税申告の個票を大量に集めた」。これによりフランス革命以来の富の集積に関する均質な時系列データを確立できたとしている。

これらは「コンピュータ技術の進歩により、大量の歴史データを集めて処理するのがずっと簡単になった」ことに依っているという（二〇〜二二頁）。

これだけを見ても、「搾取論」を解いたマルクスの『資本論』とは全く趣が異なっていることが分かるだろう。

私見だが、宇野経済学の「三段階論」（経済学原理論—段階論—現状分析）においては、マルクスの『資本論』が経済学原理論であるのに対し、ピケティの本書は「現状分析」または、「段階論」（重商主義─自由主義─帝国主義）の拡張といったところであり、その点で、大きく異なっている。そこから言った場合、ピケティの本書に対するマルクス資本論の単純なアテハメ的な批判は、方法論的にいって、間違っていると考えるものである。

また、こうしたデータはマルクスの時代にはなかった、個人の「課税記録」、「相続税申告」のデータなどの統計を用いたものであり、『資本論』の搾取概念よりは完全に広く〈資産〉（世襲）と言うものが、中心概念となっている。ここが本書の特徴だ。

●──富裕層の状態＝格差の状態

本書は、第一部「所得と資本」、第二部「資本／所得比率の動学」、第三部「格差の構造」、第四部「二一世紀の資本規制」の四部からなっている。ここでは、第三部での格差の在り方を概観した上で、その原因としてピケティが説明している第一部と第二部、そして第四部で展開されている基本的な考え方を確認したい。第三部でピケティは次のように述べている。

「成人一人当たりの世界平均資産は六万ユーロ」（四五四頁）だが（一ユーロは一四〇円前後──引用者）、「最も裕福な一パーセント──四五億人中四五〇〇万人──は、一人当たり平均約三〇〇万ユーロを所有している（大まかに言って、この集団に含まれる人たちの個人資産は一〇〇万ユーロ超）。これは世界の富の平均の五〇倍、世界の富の総額の五〇パーセントに相当する」（四五四頁）。

この数字は、一月一九日（二〇一五年）、反貧困のNGO団体・オックスファムが発表した報告で二〇一四年、上位一％が世界の富の四八％を所有し、一人当たりで二七〇万ドル（約三億二〇〇〇万円）に達する、他方下位八〇％の庶民の資産は、平均でその七〇〇分の一の三八五一ドル、合計でも世界全体の五・五％にしかならないとしていることからも明らかだろう。

この報告では、世界の上位八〇人が所有している富は、約二二三兆円（一・九兆ドル）で、下位五〇％の三五億人の所有する富と等しいということだ。

ピケティは言う。

「手元の情報によると、世界的な富の階層の上部で見られる格差拡大の力は、すでに非常に強力になっている。これは『フォーブス』ランキング（長者番付のこと――引用者）に登場する巨額の資産のみに当てはまるのではなく、おそらくもっと少ない一〇〇〇万―一億ユーロの資産にも当てはまる。こちらの人口集団ははるかに規模が大きい。トップ千分位（上位〇・一％――引用者）（平均資産一〇〇〇万ユーロの四五〇〇万人の集団）は、世界の富の約二〇パーセントを所有しており、これは『フォーブス』の億万長者たちが所有する一・五パーセントをはるかに上回る。だから肝要なのは、この集団に作用する格差拡大の規模感を理解することだ」（四五五頁）。

●――格差の原因（ｒ＞ｇ）

ここで問題になるのは、以上のような富裕層の相続資産である。

「この根本的な不等式をｒ（資本収益率、リターン（return）のアール――引用者）＞ｇ（経済成長率――引用者）と書こう（ｒは資本の年間収益率で、利潤、配当、利子、賃料などの資本からの収入を、その資本の総額で割ったものだ。ｇはその経済の成長率、つまり所得や産出の年間増加率だ）、……ある意味で、この不等式が私の結論全体の論理を総括しているのだ」（二八〜二九頁）

とピケティは言う（この「不等式」の説明については文末の注参照）。

ピケティがここで言おうとしている意味は、《年間の国民所得の中での富裕層の資本所得の成長の割合＞年間の国民所得（資本所得＋労働所得）全体の成長の割合》ということである。

＊　資本所得＝賃料（家賃などのこと）、配当、利子、利潤、キャピタル・ゲイン、ロイヤルティといった、土地、不動産、金融商品、産業設備など、法的な分類に関わらず単に資本を持っていることで得られる所得。

労働所得＝賃金、給与、ボーナス、非賃金労働からの稼ぎ（――経営者の所得）（二一一頁）、その

他労働関連として法律で規定されている報酬。（二一〇頁）

富裕層が多くの資金で投資をしてリターンしてくるお金の量（額）と、労働者が労働所得として賃金を得るお金の量（額）と、どちらが多いかははっきりしている。とりわけ賃金は、経済成長率に規定され、例えば日本では物価の上昇を考慮した実質賃金はマイナス傾向となっていることが指摘されている。

ピケティは述べている。

「資本収益率は、一般には年間四、五パーセントほどなので、成長率よりもかなり高い。具体的には、労働所得がまったくなくても、過去に蓄積された富が経済成長よりもずっと早く資本増加をもたらすわけだ。

たとえばg＝一％、r＝五％ならば、資本所得の五分の一を貯蓄すれば（残り五分の四は消費しても）、先行世代から受け継いだ資本は経済と同じ比率で成長するのに十分だ。富が大きくて、裕福な暮らしをしても消費が年間レント（「資本所得」のこと。四三九頁など――引用者）収入より少なければ、貯蓄分はもっと増え、その人の資産は経済よりもより早く成長し、たとえ労働からの実入りがまったくなくても、富の格差は増大しがちになるだろう。つまり厳密な数学的観点からすると、いまの条件は「相続社会」の繁栄に理想的なのだ――ここで『相続社会』と言うのは、非常に高水準の富の集中と世代から世代へと大きな財産が永続的に引き継がれる社会を意味する」（三六六頁）。

多くの財産・資産を保有する人が、その資本を使い投資した場合の収益率が例えば労働による賃金の収益率を上回るということは、資本主義社会では「通用的」な真理、つまり、常識となっていることであり、一般に専門のコンサルタントなどを雇えば、雇わなかった以上にリスクは回避され、マネジメントも高度化するので収益率は一層高くなる。

第一次大戦前の「ベル・エポック」と言われた時代は、富裕層の繁栄の時代であり、労働者階級との格差は格段に開いていた。だが、二度にわたる世界戦争と大恐慌によって富裕層の相続する富が破壊され（二八五頁等）、それにつづく「公共政策」の必要と高度成長に支えられ一九一四〜七〇代までは、この資本収益率と経済成長率のかい離が狭まっていた。これを底として「U字曲線」を描いて、一九八〇年代以降――経済成長率の鈍化による労働力の削減・価値低下が構造化される他方で――富裕層の資本収益率におうじて資産が増大した（四一五頁）。富の不平等な分配が拡大している。ピケティはこれを「世襲資本主義」と規定する。

●――富裕税論

そこで、こうした世襲資本主義に対し富裕層の金融資産をはじめとする年間所得と資産に対して累進資本課税と相続税を軸とした富裕税をピケティは提起する。

例えば「ヨーロッパ富裕税の設計図」としては、次のようである。

「パリのアパルトマンを持つ人物は、地球の裏側に住んでいて国籍がどこだろうと、パリ市に固定資産税を払う。同じ原理が富裕税にも当てはまるが、不動産の場合だけだ。これを金融資産に適用できない理由はない。その事業活動や企業の所在地に基づいて課税するのだ。同じことが国債についても言える。『資本資産の所在地』(所有者の居住地ではない)を金融資産に適用するには、明らかに銀行データの自動的な共有により、税務当局が複雑な所有構造を評価できるようにする必要がある。こうした税金はまた、多重国籍の問題を引き起こす。こうした問題すべての解決策は、明らかに全ヨーロッパ(または全世界)レベルでしか見い出せない。だから正しいアプローチは、ユーロ圏予算議会を創り出して対応させることなのだ。……各国が通貨主権を放棄するなら、国民国家の手の届かなくなった事項に対する各国の財政的な主権を回復させるのが不可欠だろう。たとえば、公的債務に対する金利、累進資本税、多国籍企業への課税などだ」(五九〇〜五九一頁)。

この税金のかけ方だが、ピケティはつぎのようにのべている。

これは一回限りの相続税ではない、「資本に対する永続的な年次課税」である以上、「そこそこ穏健なものでなければならない」。「資本の総ストックに対して毎年かかる税金」のことで、「今日のヨーロッパでは民間財産がきわめて高い水準にあるので、低い税率であっても富への累進的な年次課税は、巨額の税収をもたらす。たとえば、一〇〇万ユーロ以下の財産には〇パーセント、一〇〇―五〇〇万ユーロなら一パーセント、五〇〇万ユーロ以上なら二パーセントという富裕税を考えよう。EU加盟国すべてにこれを適用したら、この税金は人口の二・五パーセントくらいに影響して、ヨーロッパのGDPの二パーセント相当額の税収をもたらす。この高い税収は驚くようなものではない。これは単に、今日のヨーロッパでは民間財産がGDP五年分以上あるという事実によるものだ。そしてその大半は、富の分布における百分位の上の方に集中している。資本税だけでは社会国家をまかなえる税収にはならないが、でもそこから出てくる追加の税収は巨額になる」(五五三～五五四頁)。

また、次のようにも言う。

「さて、五〇〇万ユーロ以上の財産に対する税率が二パーセントどまりでなければいけない理由などないことに注目。ヨーロッパや世界で最大級の富に対する実質収益率は六―七パーセント以上だったから、一億ユーロや一〇億ユーロ以上の富には、二パーセントよりかなり高い税率にしても高すぎるとは言えない。もっとも単純で公平なやり方は、それ以前の数年にわたり、その富のブランケットごとで実際に観測された収益率をもとに税率を決めることだ。そうすれば、累進性の度合いは、資本収益率の推移と望ましい富の集中度に応じて調整できる。富の格差拡大(つまり、トップ近い百分位や千分位に属するシェアがどんどん増える状態)

を避けるために（これは額面通りに見れば最低限の望ましい状態に思える）、たぶん最大級の財産に対しては五パーセントくらいの税率をかける必要があるだろう。もっと野心的な目標がお望みなら、例えば富の格差を今日より（そして歴史的に見て成長にとって必要ではない水準より）もっと穏やかなところまで引き下げたいなら、大金持ちに対しては一〇パーセント以上の税率だって考えられる」（五五五〜五五六頁）。

更にピケティは、この課税の手法に関わって、経済民主主義に言及している。

「本当の会計財務的な透明性と情報提供なくして、経済的民主主義などあり得ない。逆に、企業の意思決定に介入する本当の権利（会社の重役会議に労働者の座席を用意するのも含む）なしには、透明性は役に立たない。情報は民主主義制度を支援するものでなければならない。……民主主義がいつの日か資本主義のコントロールを取り戻すためには、まずは民主主義と資本主義を宿す具体的な制度が何度も再発見される必要があることを認識しなくてはならないのだ」（六〇〇頁）。

こうした「税制社会国家」（五一三頁）の構想は、私見では単に税制に一面化されるものではなく、格差の是正策として、地域通貨や地域の生活協同組合運動など、例えばラトゥーシュの『〈脱成長〉で世界を変えられるか？』（作品社、二〇一三年、中野佳裕訳、原著二〇一〇年）で論じられている内容などと〈接合〉する必要があるのではないかと考えるものである。

このラトゥーシュの思想については、拙著『世界資本主義と共同体』（社会評論社、二〇一四年）第三章を参照してほしいが、ピケティとラトゥーシュの論点の突合せは、本論著者としては、本論論題の範囲を超えていると考える。ここでは、それをふまえた上で、かかるピケティの提起する「税制社会国家」と、一八〇度対立すると考える以外ない、ミルトン・フリードマンの『資本主義と自由』（日経BP社、二〇〇八年初版、訳：村井章子、原著初版一九六二年）で論じられている〈所得再分配政策に対するフリードマンの批判〉について、見ていくこととする。

●——新自由主義者・フリードマンの所得再分配政策批判

ピケティは、フリードマンとの対決を避けているように、私には思える。ピケティはのべている。

「フリードマンは明確な政治的結論を引き出した。資本主義の安定した中断のない成長を確保するためには、物価水準の規則正しい推移を保証しうる適切な金融政策を守ることが必要十分条件なのだ。ここからマネタリストの教義では、大量の公共雇用と社会移転プログラムを作り出したニューディールは、お金がかかるだけで役立たずなインチキでしかないことになった。資本主義を救うには、福祉国家も八面六臂の政府の活躍もいらない。唯一必要なのは、きちんと運営された連邦準備制度だけなのだ。……当然ながら、こうした出来事を別の角度から解釈しなおすこともできる。きちんと機能する連邦準備制度が、きちんと機能する社会国家や、うまく設計された累進課税政策を補う形で機能できない理由はない。こうした制度は明らかにお互いの代替物ではなく補完物なのだ」（五七七頁）

とピケティはマネタリズムを批判する。だが、ピケティは次のように、マネタリズムに対する批評を集約する。

「でも私が興味を覚えるのはその点ではない。おもしろいのはあらゆる経済学者――マネタリスト、ケインズ派、新古典派――は、他のあらゆる観察者同様に、政治的な色合いによらず、中央銀行が最後にすがれる貸し手として活躍すべきで、金融崩壊とデフレ・スパイラルを避けるために必要なあらゆることをすべきだと合意している点だ」（五七七頁）。

こうして、ピケティは、このままフリードマン主義で行っていいのかとは問わず、むしろ「税制社会国家」と新自由主義とが、前提を同じくしていることを強調するのである。

そこで、フリードマンの新自由主義が、こうしたピケティの税制社会国家―所得再分配政策といったものをどのように批判してきたかを概観することにしよう。

『資本主義と自由』第一〇章「所得の分配」でフリードマンは、所得再分配政策としての「累進税が所得や富の不平等を軽減できない理由」として、いくつかのことを挙げているが、とりわけ次のような主張が特徴的である。

「累進税は、すでに裕福な人よりも、これから富を築こうとする人にとって重荷になることだ。累進税があると既存の資産から上がる収入をさらに活用しようという意欲はたしかに削がれる。が、それよりも、資産を築く活動にとって打撃ははるかに大きい。（税が規定通り取り立てられるとしての話だが）。資産から上がる収入に対する課税は、資産そのものを減らしはしない。減らすのは消費と資産の拡大だけであって、資産自体は維持される。つまり、累進税は、リスクを避け、既存資産を守る方向へと所有者を仕向ける。そうなれば、すでに築き上げられた資産が分散する可能性は低くなる。これに対して、これから資産を築く場合はどうだろうか。だいたいは巨額の利益を上げ、それを貯蓄し、またリスクも高いがリターンも高い事業に再投資することによって、資産は築かれてゆく。だが累進的な所得税が厳格に適用されたら、このやり方で資産を気づく道は閉ざされるだろう。要するに累進税は、既存資産の所有者を挑戦者から守る役割を果たす」（三一三頁）。

「累進税がよいか悪いかを判断するにあたっては、税を二つの目的に分けて扱うべきだと私は考えている。……第一は、政府が行なうと決まった事業の資金を調達するための税、……第二は、所得の再分配だけをするための税である。第一の税は、受益者負担の原則からも、社会の平等を考えても、多少は累進制が必要かもしれないことは認めよう。しかし現在の所得税・相続税の最高税率を正当化することはできない。これらによる税収が現にひどく少ない点を考えただけでも容認できない。

第二の所得の再分配だけを目的とした累進税については、自由主義者の立場としては妥当な根拠は認め難い。このような累進税は、強権でもってAから引きはがしBに与えるあからさまな例であって、個人の自由に真っ向から反すると考える」（三一四頁）。

つまり、これらはピケティの課税論との関係で言うと、厳格な累進税では、資産を形成するために投資する幅が狭められるという事を一般に意味するものとなるということだ。また、これは、市場での自由な競争を所有階級が徹底的に行なうことを、抑圧するという事を意味している。富裕層の資産を貧困層に再分配することを否定し、ブルジョアジーの富の不当性（それは搾取によって形成されたものだ）を「個人の自由」という形で、隠蔽している。まさに競争原理に立脚したブルジョア・アトミズムが宣揚されているのである。

そして、フリードマンは次のように述べている。

「以上の点を勘案したうえで、個人所得税として最も望ましいのは、基礎控除を上回る所得に対する一律税率の適用である。このとき、対象となる所得はできるだけ広げる一方で、控除の対象は厳密に定義した必要経費に限る。そしてこれと並行して、……法人税は打ち切る。企業の所得は株主のものであり、株主はそれを納税申告に含めねばならない。このほかには、石油その他の資源に関する減耗控除の廃止、……所得税・不動産税・贈与税の調整……」（三一四～三一五頁）

などをあげている。

そして、次のように言う。

「所得の分配を変えるには、税金ではなくまったく違う策を講じるべきである。現在みられる不平等の大半は市場の不完全性に起因するが、その不完全性の大半は、政府の手で生み出されている。したがって、政府の手で取り除くことが可能だ。……例えば政府が特別に許可している独占、関税、特定集団に有利な法的処置などが、不平等を生み出す原因となっている。自由主義者としては、これらの撤廃を強く望む。……決まって市場経済が悪者にされ、政府の介入が正当化される。所得の分配も、この例に漏れない」（三一七〜三一八頁）。

つまり、政府・国家に金をやるな、市場を徹底的に解放せよという「市場原理主義」のこれがアジテーションにほかならない。

〈富める者はますます富み、貧しき者はますます貧しくなる。それでいい〉というわけだ。ピケティの提起する「税制社会国家」に真っ向敵対している。これらを見てもピケティは、もっと新自由主義と闘うべきではないのか。

二月二日（二〇一五年）、オバマ大統領は米国企業が海外で上げた収益に対して課税する、富裕層への課税を強化するという「予算教書」を提出した。貧富格差の広がりは、権力者たちの国民統合をも危ういものにしようとしているのだろう。

こうした新自由主義に対する基本的な観点が必要だ。封建社会など、資本主義に先行する諸社会が、〈収奪―経済外的強制〉によって組んでいた経済秩序を、資本主義は〈搾取と競争〉によって仕組んでいる。それが自由主義のシステムである。資本の原始的蓄積による労働力の商品化を契機として流通過程が生産過程を取り込んで、経済外的強制なしの自律的な経済システムとして成立し展開している資本主義社会のそれが特質をなすのである。

本論冒頭で述べたように宇野三段階論にもとづくならば、この資本主義の〈搾取と競争〉を終わらせるのは、資本主義的生産様式自身は肯定するピケティの「税制社会国家」の「現状分析」的分野における有効性とは別に、それとは位相を異ならせた「原理論」の位相としてのマルクスの資本主義批判に対応する社会主義オルタナティブ以外では、ないだろう。

［注］資本収益率（r）の考え方

この資本収益率について、その概念を確認しよう。

資本収益率とは「年間の資本収益」を、その法的な形態（利潤、賃料、配当、利子、ロイヤルティ、キャピタル・ゲイン等々）によらず、その投資された資本の総額に対する比率として表すものであり、「利潤率」や「利子率」より、はるかに広い概念だ（五六～五七頁）。

まず「$\alpha = r \times \beta$」（「資本主義の第一法則」と定義される）の式が大切だ。

αは「国民所得」の中に占める資本の割合である。rは「資本収益率」で民間資本（資産と意味づけられるもの）と、それが作り出した一年間の収益との比率。βは「資本／所得比率」で、「国民資本」（＝民間財産（資本、資産）＋公的財産で「国富」の総資本のストック）と「年間の国民所得」（年間の、資本所得＋労働所得）との比率。「国民資本」が「年間の国民所得」の何倍あるかという値、六倍だったらβは六、あるいは六〇〇％となる。

＊　資本所得＝賃料（家賃などのこと）、配当、利子、利潤、キャピタル・ゲイン、ロイヤルティといった、土地、不動産、金融商品、産業設備など、法的な分類に関わらず単に資本を持っていることで得られる所得。
　労働所得＝賃金、給与、ボーナス、非賃金労働からの稼ぎ（――経営者の報酬（二一一頁））、その他労働関連として法律で規定されている報酬。（二〇頁）

例解として、ピケティがしているように（五九頁）個別企業に置きかえて考えてみよう。五〇〇万（単位ユーロ）の資本で、年間一〇〇万の所得を生産し（これがβの比率で、資本は生産された所得の五年分だから、β＝五で、五〇〇％）、そのうち労賃六〇万、利潤四〇万とすると（これがαの資本所得の比率で一〇〇万の所得に対して四〇万だから四〇％）、資本収益率ｒは八％となる（〇・四＝〇・〇八×五）。

この式は国民経済総体の所得の配分に関する式であって、この国民経済のレベルでの民間「資本収益率」ｒが、ｇ国民経済全体の「所得と産出の年間増加率」（経済成長率）よりも、大きい状態が、格差を生み出す関係性となる（ｒ＞ｇと表す）。そういう状態では「論理的にいって相続財産は産出や所得よりも急速に増える」（二九頁）。相続資本（資産）を多く持つ富裕層は、資本所得からごく一部を貯蓄するだけで資本の集積を増加させることができる。総じて、資本（資産）収益率が高い社会が、「世襲資本主義」の社会だ。

（初出：『テオリア』第二九号、二〇一五年二月一〇日発行、研究所テオリア。「書評　世界資本主義と税制社会国家――トマ・ピケティ『21世紀の資本』（みすず書房、訳・山形浩生、守岡桜、森本正史、二〇一四年、原著二〇一三年）を読む」に加筆。

本論は、拙著『エコロジスト・ルージュ宣言』（社会評論社、二〇一五年）所収のものの再録である）

第三章――実録物語・リーマンショック（サブプライム恐慌）

資本主義における過剰資本の破壊力について

＊本論での数字はすべて当時（二〇〇九年執筆）のものです。

●――サブプライム問題の展開図

アメリカの大不況は〇九年も深刻化さをましてゆきつつある。一月三〇日、ニューヨーク市のブルームバーグ市長は、〇八年のウォール街の大手金融機関による損失額が四七二億ドル（四兆二五〇〇億円）との推計を発表し、〇七年半ばからみて一〇年六月までにウォール街金融機関で働く約四万六〇〇〇人の労働者が失業し、〇八年半ばとの比較で一〇年までに市全体で約三〇万人が失業するおそれがあると表明した（時事通信社、一月三一日電子版）。

日本でも厚生労働省が一月三〇日、〇九年三月までの半年間に失職を余儀なくされたか、される派遣・非正規雇用労働者が一二万四八〇二人に上るとの調査結果を発表した。仕事を奪われた人は〇八年一一月から三か月で四倍にふくれあがったとしている。中途解除、解雇五万人、雇い止め六万人。住居をなくした人は、二六七五人になる。

自動車産業、その関連産業をはじめ、大手メーカーはのきなみ業績不振を理由に労働者への解雇攻撃をつづけている。

ソニー一万六〇〇〇人、トヨタ自動車七〇〇〇人、日産二〇〇〇人、ホンダ一二〇〇人、マツダ一二〇〇人などをはじめとする大量解雇などといったようにだ。

〇八年九月のリーマンブラザース経営破たんから始まったとされる今回の大不況は、米のダウ平均株価がリーマン破綻時で一万九〇〇円台が一か月後には八〇〇〇ドル台に急落。日本でもリーマンショック時では、日経平均株価一万二〇〇〇円台が、現在では七〇〇〇円台に下落している。新車販売台数では四七万台が、三八万台になり、鉱工業生産指数（〇五年＝一〇〇）では、一〇五・六が、七五・八に落ち込んでいる。

まさにアメリカの金融危機からはじまった大不況は、グローバル化した日本の自動車産業や電気産業などをまきこみ、一挙に日本に飛び火した。例えば自動車の生産・販売台数の減少は、自動車部品では、鉄工業の鋼材生産の減少、石油化学製品や電気電子機器、ガラス・紙・パルプ部門に波及し、中小下請けの部品工業・機械工業への受注の縮小、車を海外に運ぶ海運業の減などとして影響してゆく。さらに自動車の販売では、リース・広告、運輸・倉庫関連、金融・保健、機械修理などの部門、燃料部門、不動産部門などに波及してゆく。このように産業は複合的に関連しているので、全社会的に銀行の貸し渋りなどがつよまり、給料の減少、解雇、倒産などをまねき、消費行動が抑制され、日用品などの売り上げが落ち込む。こういう連鎖をつうじて、売れない、買わない、作らないという循環ができあがってしまうのだ。

GMを例にとると、〇八年一二月の決算での売上高は約一四兆六〇〇〇億円で純損失約三兆円、全世界の販売台数は前年比一一%の減益とGMは発表している。またトヨタは、〇九年度三月期の業績予想では、営業損益の赤字が四五〇〇億円に拡大すると表明している。欧米での販売台数の落ち込みと、アメリカでの自動車ローン貸し倒れなどでの損失が最大の要因だ。トヨタの売り上げ一兆円減は日本経済全体で三兆円強の売り上げ減につながるといわれている。

サブプライム・ローン問題をつうじた信用収縮は、金融機関の貸し渋りを構造化させ市場に打撃を与えた。銀行は国際的な公式の基準で、貸し出しの上限を自己資本（株式発行などで調達した資金と積立金・準備金の合計）の一二・五倍までとされている。一〇〇億円の自己資本を持つ会社では一二五〇億円まで貸し出せる。だが、貸出金のうち五〇億円が焦げ付き、その処理で五〇億円自己資本を使えば自己資本は半分の五〇億円になる。これは貸し出し額がこれまでの半分の六二五億円に減少することになる。だから銀行は、焦げ付き・貸し倒れ、不良債権化などを予測し、融資基準を見直し貸し出しを制限するようになる。

例えば受注の大幅な減少で資金繰りに困った企業は、預金を取り崩す。給与準備などでの借り入れが続出するが不良債権化が予想される。こうして銀行は貸し渋りを強めるのである。こうして信用収縮は経済の社会的再生産に打撃をあたえてゆくのである。

このようなアメリカ発経済危機といわれるこのたびの事態とは何か、なぜ、いかにどのように生み出され、どのような危機として進行しているのかが、とわれなければならない。

まず確認しなければならないことは、今次金融危機が、何かの自然現象ではなく、アメリカ資本主義権力者たちがこの間展開してきた政治経済政策の帰結としてあるということを見ておかなければならない、ということである。

●――サブプライム・ローン問題とは何か

アメリカ・ブッシュ政権は、住宅バブルを軸としてアメリカの経済成長をすすめようとした、これが始まりだ。ブッシュ政権は経済成長の主要な割合を住宅市場に依存しており、これから見るように、その大部分は住宅金融に依存していた。

それは同時に政治的にはアメリカの「対テロ戦争国家」化を経済的に支えるものとして、また経済主義的な国民統合としての意味を持っていた。しかし二〇〇六年秋以降、住宅の過剰生産に対し住宅の購入が限度に達し反転下落しはじめ、またアメリカのインフレ傾向に対するＦＲＢ（米連邦準備制度理事会）の金融引き締め政策の発動をつうじて、利上げによりローン金利も上昇した結果、債務不履行としてサブプライム・ローンの焦げ付きが激化し、住宅バブルは崩壊した。

最初、住宅バブルはフロリダなどのリゾート物件を購入していた富裕層によって推進されていた。だがプライム・ローンで上向いた住宅ブームを通じ、過剰生産傾向を示した住宅建設ラッシュに対応すべく、クレジットスコア（アメリカでおこなわれている消費者の過去の借入と返済の履歴。スコアが低い借り手は信用力が低い）の低い人々に対してサブプライム・ローンを販売することで、住宅ブームを下支えさせようとするようになっていった。

サブプライム・ローン資格とは「過去五年以内に破産宣告を受けている」とか「返済負担額が収入の五〇％以上」などであった。このようなサブプライム・ローンにより、八五〇万世帯のサブプライム層が購入したのである。

このようなことが可能となったのはノンリコース（非遡及貸出債権）制度、つまり借金している人は担保を差し出せば借金は免除されるという、アメリカの制度に根拠をもっていた。

●――経済学者の分析――サブプライム層の動員と過剰生産

伊藤誠（『情況』二〇〇九年一／二月号、伊藤誠「サブプライムから世界金融恐慌へ――マルクスの逆襲」）はつぎのように分析している。

「資本主義的金融セクターの中枢部をなす大手銀行が、住宅金融などの消費者金融の拡大に積極的に進出し、広く労働者階級を重要な貸付対象としてとりいれる傾向を強めてきている。その結果……労働力の代価としての賃金所得にかなりの元利払いの負担をおわせ、搾取・収奪を重ねる社会経済機構が、資本主義の中枢に広く形成されたのである」。

「いわば労働力の商品化による剰余労働の搾取に、労働力の金融化による重層的搾取が現代的に組織される傾向がみとめられる」。

「二〇〇一年からの景気回復に向けての低金利を利用したアメリカの国内金融の拡張は、さらに大規模に労働者階級への住宅金融を中心とする消費者金融に注力する特徴をもっていた」。

つまりここで伊藤氏がいっていることのポイントは、「労働力の金融化」ということだ。

労働者は資本家に「労働力」という「商品」を売り、それを買い取った資本家は、その労働力を「資本家の生産力」として工場・職場生産点で使用する。そこで資本家は生産設備や労働力の購買にかかった資金の回収以上の富、収益をあげるための生産として、労働者に利益還元されない資本家だけが所有する、いわゆる剰余価値の産出のための商品の生産を組織する。この剰余価値が搾取されることと引き換えに、労働市場で得る賃金をば、住宅ローンの支払いというかたちで、資本が収奪するということが広汎におこなわれるようになったということだ。

「そのさい……サブプライム層（信用力があるプライムローン対象者でない人びと）への住宅ローンが、新たな市場として開拓され積極的に拡大されて、のちにサブプライム問題を生ずることになった」

のであった。

●――全米規模の住宅ローン販売

ここでサブプライム層のローン利用の規模を確認しておこう。

「サブプライムローンは二〇〇一年以降に急増し、二〇〇八年には実行ベースで住宅金融の二〇％、総残高の一三％（実額で一・七兆ドル）を占めるにいたる。サブプライムローンの標準モデルは二〇万ドルとされているから、残高からみれば、八五〇万世帯（アメリカにおける一世帯平均ほぼ三人をこれに乗ずれば約二五五〇万人）のサブプライム層が、住宅ローンを負っていたことになる。住宅ローンの総額一三兆ドルの全体をとり、平均かりに四〇万ドルのローンが組まれているとすれば、三二五〇万世帯（三倍すれば）アメリカの全人口約億人のほぼ三分の一が住宅ローンによって新居をえたものと思われる」（伊藤、前掲、この節の引用はすべて伊藤論文からのもの）。

ものすごい規模だということがわかるだろう。ピーク時では住宅着工件数は、年間二〇〇万戸にたっしているのである。こうした住宅ローンの展開は、それじたいが、「アメリカンドリーム」の夢を売るというような内容での、全国民的な経済主義的国民統合の意味をもつものに他ならない。

だが、「二〇〇六年秋以降、一〇年にわたる住宅価格の上昇が、停滞的な大衆の所得との比較で限度に達し、反転下落しはじめたときに、一転してグローバルな金融危機を生ずるにいたる。それは、アメリカの住宅金融が、各種の抵当担保証券（ＭＢＳ）に組成されて（後述する――引用者）、グローバルに転売され、世界中の金融機関に大量に保有されていたからである」。

そうして住宅バブルは破綻したのである。

つまり「世界的な規模で各国の金融諸機関、年金基金、保険基金、投資信託基金、ヘッジファンド、さらには政府・自治体の投資運用基金などにまで売り込まれ」たが、「住宅市場の価格の反転下落とともに、二〇〇七年以降あいついで債務不履行におちいる構成部分を増していった」のである。

住宅ローン購入者は「期待していた担保住宅の値上がりも所得の上昇も実現しない場合」、例えば「ローン二〇万ドルへの月々の返済額がたとえば一―二年目の一五三一ドルから五年目には二三七〇ドルへ大きく増大し」それによって「返済不能となり、期待していた住宅価格の上昇による借り換えもまったく望めなくなり、住宅の差し押さえにあって追い立てられる人びとの数が優に一〇〇万人をこえて増大し続け、社会問題となって」いった。

一言でいうなら住宅建設にも「労働力の金融化」にも限界があったということである。

これらがサブプライム問題それ自体の顛末である（この損害の度合いは後述する）。

その場合、問題を深刻化したのは、住宅ローン債権を証券化し販売したことである。つまり住宅金融会社は、サブプライム層の動員としてあるサブプライム・ローンは、債務不履行（デフォルト）リスクが高い、ハイリスクであるということはわかっていた。だからリスクを分散させるべく、さまざまの証券化商品に加工し転売したのだ。

●――錬金術的手法としてのRMBS・ABS→CDOの発行

サブプライム・ローンを組み込んだ証券化商品、まさに債務担保証券（CDO、コラテライズド・デット・オブリゲーション）などの証券化商品は、すこし言い方は悪いかもしれないが、サブプライム・ローンという鳥インフルエンザにかかった肉を他のローン、債権などと組み合わせ、混ぜ合わせて売り出したミンチ肉商品に他ならない。

その生成のプロセスは次のようである。

「銀行や住宅金融会社は、プライム・ローンからサブプライム・ローンまでのさまざまなローンを束ねて住宅ローン担保債権を証券化する……これを投資銀行に販売する。これにより、ローン回収権利は投資銀行に移転する。

投資銀行は住宅ローン担保証券に他の債権（自動車ローン債権や一般企業への貸出金など）を加えて、新たな証券化商品（再証券化商品）（これがCDOなどの証券化商品である――引用者）を作り、これを保険会社やヘッジファンド、投資信託や年金基金などの投資家に販売する。

これにより、住宅ローンのデフォルト・リスク（債務不履行リスク）は最終的に投資家に移転、投資銀行はローンのデフォルト・リスクを回避することが可能となる」（新保恵志『金融商品とどうつき合うか――仕組みとリスク』、岩波新書）という仕組みだ。

もう少しくわしく見ていこう。

住宅を購入する消費者は資金をうるため、金融機関から融資をうけて住宅ローンを組む。住宅ローンは貸し手からさらに大手の貸し手へと売却される。貸し手はローンを売却した資金によって他の融資に資金を回すことができる。売却された住宅ローンは投資銀行が集約し住宅ローン担保証券」(MBS=モーゲージ・バックト・セキュリティ)」として販売される。

こうして証券化商品、RMBS(レジデンシャル・モーゲージ・バックド・セキュリティー、不動産を担保としたローンであるモーゲージ証券の一つで、不動産担保融資の債券を裏づけにつくられた証券)や、ABS=アセットバック証券(アセット・バック・セキュリティーズ)などとして資産担保証券化されるのである。

こうした住宅ローン担保証券は格付けされる。

＊　住宅ローン証券化商品のうち原債権が「プライム」であるため、優良部分とされるものでできたものがシニア債。これがAAA(トリプルA)である。これに対し、プライムにサブプライムを含んだ証券化商品はメザニン債でAA、BBB。サブプライムを原債権とするものはエクイティで、BB以下のジャンク(がらくた)債である。

またRMBS、ABSを集約した投資銀行・金融機関はさらに次のように加工した。かかる証券化商品のなかの、リスクがかなり高い部分を、細かく切り分け、他の債権、例えばクレジットカード債権、商業用不動産、企業向け貸出、破綻する可能性の高い会社の社債(ジャンク債)や、自動車ローン債券などがくみあわさった各種の証券化商品CDO(債務担保証券コラテライズド・デット・オブリゲーション)を作成したのである。

この証券も格付けされる。（以上の証券化プロセスについては中空麻奈『早わかりサブプライム不況』朝日新書、水野和夫『金融大崩壊』、ＮＨＫ出版生活人新書、堀紘一『世界連鎖恐慌の犯人』、ＰＨＰ、新保恵志『金融商品とどうつき合うか』、岩波新書などを参照せよ）。

この混合の意味だが。

「それぞれ異なったリスクを持つデリバティブなど各種証券類が、数多くあつめられているところがミソになっている。……これらすべてが同時に悪い方向に動くことはない。少なくとも理論上はない。すると、ＣＤＯは全体としてボラティリティ（上下の変動幅──引用者）が、抑えられ、金融商品としてのリスクが低減するわけである」。

「ＣＤＯを格付け会社に持ち込めば、見事にボラティリティが抑えられているため、ＡＡＡなどの高い格付けを与えてもらえる。ＣＤＯの中身のサブプライム・ローン……がいくらハイリスクで、いくら低い格付けのものであっても、そんなことはまったく関係ない。ＣＤＯそれ自体は、ＡＡＡの評価を与えるにふさわしい金融商品なのだ。高い格付けをもらってしまえば、あとは、売り歩くだけである」（堀紘一、前掲）。

格付けがよいわりに利回りもよい設計なので、「ＣＤＯは世界各国で売られたが、日本では地銀などがよく買っていたようだ」（堀紘一、前掲）ということになったのである。

金融機関・投資会社はこうして保有したＣＤＯを販売した。

さまざまの債務者から回収された資金は集約されたのち、そこから証券化商品の債権保持者に配分される。だが債権をローンプールにあつめ、証券化商品に加工してゆくやり方は、投資家にとっても重大な問題があった。

「証券化証券に投資する投資家にとって、対象証券のリスクが見えにくい点も、大きな問題といわなければなりません。株式、社債、国債などの投資物件は背景にある企業、国の姿を具体的に観察することができますが、様々な住宅ローンがプール化された債務全体を厳密に査定するのは不可能に近いといえます。債権のプール化を通じてリスクを薄めますが、同時にリスクを曖昧にしている点に注意しなければなりません」（証券アナリスト・大田登茂久『手にとるように証券化がわかる本』、かんき出版）

ということだ。

●――CDOは「請求書」の福袋

この債権とはいわば、「請求書」のことである。このようなCDO（コラテライズド・デット・オブリゲーション）などの債権の証券化商品とはいろいろな「請求書」を細かくわけて、セットにしたものにほかならない。

次のような比喩による説明を紹介しよう。

「証券化を活用する金融機関は、ツケで飲む客が多い飲み屋のようなものである。なじみの客が増えるのは結構だ。だが、ツケはあくまでツケである。請求書を現金代わりにして仕入れの代金を払うわけにはいかない。店を拡張するための設備投資にも使えない。しかも、請求書の山には必ず貸し倒れの危険がつきまとう。

そこで、飲み屋は一計を案ずる。たまった請求書を切り分けたり束ねたりして、たくさんの福袋をつくるのである。その福袋を町中の人びとを相手に売りまくれば、飲み屋の手元には福袋代という形の現金収入が入ってくる。同時に貸し倒れリスクも福袋の買い手に転化することが出来る。請求書の山が突如として現金に化けるは、リスクは人に押しつけられるは、これぞまさしく、金融錬金術だ。

このツケの福袋が、要するに債権の証券化商品である。……飲み屋の福袋作戦は、要するに手元にたくさん溜まった一対一の個別債権の金額を合算し、その総額を担保に不特定多数を相手とする証券を発行するというやり方なのである」。

このような形で発行される福袋に、例えば「債務担保証券」（ＣＤＯ）があった。「債務弁済準位の高い債権を担保に発行される『シニア債』から、弁済準位が劣後する債権が裏打ちの『劣後債』まで、リスクの度合いに応じて福袋が用意される方式だ」。

だが、ここからが問題だ。

「福袋を買った町中の投資家たちが、中身の焦げつきで、次々に大損を蒙っていけばどうなるか。……福袋の買い手に対して、その購入資金を用立てた人々がいるかもしれない」。その人も損をする。さらに、福袋を売り出した飲み屋が一軒でなく、たくさんな場合、このような福袋がどれだけ出回っていて、そのうちどれだけが実際の危険を含むのかわからなくなってしまう。

こうなってくると、福袋の損失をうめようとしてカネを借りる人に、カネを貸す人はいなくなる。だれとも取引をしない方が安全だとなる。この町の経済は完全に行き詰ってしまう（浜矩子『グローバル恐慌――金融暴走時代の果てに』、岩波新書）。

こうして危険な「請求書」の切り売りをあつめた福袋たる証券化商品は一挙に価値を喪失してしまったのである。

まさにムーディーズなどの格付会社をして、「トリプルA」などの格付けをもたされた証券化商品を、国際的にさまざまな金融・証券機関が買いあさったのだ。

このCDOには、その債務不履行（デフォルト）に対する保険商品として、CDS（クレジット・デフォルト・スワップ）が対応していた。

●――CDSの負の連鎖――AIGの場合

CDSとは次のようなシステムだ。

「銀行AがB社への一億円の貸出金（債権）を保有していたとしましょう。銀行Aは、B社の決算の分析などをしているうちにB社が本当に貸出金を返済してくれるかどうか心配になってきたとします。……そんな場合に、銀行Aの心配を取り除いてくれるのがCDSです。いわば『倒産保険』みたいなものです。仕組みはこうです。CDS契約を結ぶのは銀行Aと金融機関Cです。仮に契約期間を五年とすると、銀行Aは金融機関Cに毎年、貸出金の一％に当たる一〇〇万円を『保険料』として払います。B社が倒産しないまま生き残れば、保険料は金融機関Cの利益になります。……銀行AにとってCDSの効果が発揮されるのは、B社が倒産した場合です。仮に契約最終年の五年目にB社が倒産し、銀行Aが一銭も貸出金を回収できなかったとすると、金融機関Cは『保険金』として元本の一億円を銀行Aに支払うのです」（中空麻奈、前掲）。

この保証によって銀行Aは、貸し渋りなどをすることなくリスクから逃れられる。CDSの利用者は〇七年には六二兆ドル（約六二〇〇兆円）にまで拡大した。

だが、こうしたCDSをあつかう、アメリカ最大の保険会社AIG（アメリカン・インターナショナル・グループ）はこのCDSの支払い不能によって経営破綻に直面したのであった。

この顛末は次のようである。

「AIGはCDS契約を引き受けることで保険料の受け取りが積み上がり、利益が伸びます。

『保険料』を支払う必要がないからです。

ところがサブプライム危機が起こると事態は一変しました。まず、ハプニングが発生します。……米住宅金融公社（GSE）が二〇〇八年九月に政府管理下に置かれることになりましたが、そのさい国債スワップ・デリバティブス協会（ISDA）が何とそのことを『倒産』に該当する事象が起こったと認定したのです。ISDAは、CDS契約で何が倒産事由に当たるかを中立の立場で決める公的な機関です。倒産事由に当たると認定すれば、CDS取引で支払うべき『保険金』の金額のもとになる清算価格も決定します」。

（こうして）「GSE債に『保険』をかける意味でCDS契約を結んでいたプロテクション（保護——引用者）の買い手に、AIGは保険を支払わなければならなくなった……そこへリーマンの破産がおきます。もはやこれは、AIGにとっては非常事態以外の何者でもありませんでした。AIGはリーマンを対象にしたCDS契約を多く引き受けていて、保険金の支払いが急膨張することが確実になってしまったからです」。

「AIGが破綻に追い込まれたら、どうなるでしょう。AIGとCDS契約を結んでいた相手方は、それまで信用リスクをAIGに移転していたと信じていたのに、それが移転できていなかったことになります。つまり、リスクは相手方にあり、その相手方の信用リスクが増してしまうことになります。仮に、相手方が別のCDS契約ではプロテクションの売り手になっていたとしたら、相手方の信用リスクが増大することは、そのプロテクションの買い手にとっても信用リスクが上昇することになってしまいます」。

そこからくる信用リスクの増大により、「次から次へと続く信用リスクの悪循環が起こってしまいます。これは最悪の場合、ＡＩＧが破綻したら、他の金融機関も支払い不能になる連鎖倒産の可能性さえありました。こういうことが予測されたため、米当局は救済を決めたのです」（中空麻奈、前掲）と。

まさにかかるＣＤＯの破綻は、ＣＤＳを発行した金融機関などにＣＤＳ契約による損失補償のための支払いのため、資金繰りを増大させたが、そうした支払いができなくなったＣＤＳ発行金融機関・保険会社などの破綻が展開されていくことになったのである。リスクを回避するために開発された金融商品であるデリバティブが、リスクのバネに転化したことになる。

こうしたサブプライム・ローン証券化商品の暴落は、他の自動車ローンなどの破綻――これらローン債券の不良債権化に展開し金融機関の経営危機を招来することとなった。例えば、そのことは自動車をローンで買うために住宅ローンを担保にするというようなケースが増大したためである。ホームエクイティローンという住宅の正味価値を担保にした使途自由のローンにより、住宅価格が上昇しているときには、そこから資金を借りることができ、その資金で自動車ローンをくむことができたのである。

こうしたことがマイナスに連鎖することによって、自動車バブルも崩壊したのである。

●――経営破綻の展開

まさにこのように、住宅バブルの崩壊で債務者の債務不履行の激発をつうじた、証券の不良債権化をつうじ、関連証券を扱っていた証券・金融会社は損失、倒産の危機にいたった。

二〇〇八年七月には、米国最大手の住宅金融会社、連邦住宅金融公庫（ファニイメイ）と連邦住宅貸付公社（フレディマック）が経営破たんした。そして大手証券会社リーマン・ブラザーズの倒産を通じ国際的に各国の株式市場に打撃をあたえ世界的な危機を醸成させているのだ。そして九月、連邦住宅金融公庫（ファニイメイ）と連邦住宅貸付公社（フレディマック）は事実上国有化した。この九月、大量の不動産資産・資産担保証券（六三〇〇億ドル相当）を保有・運用していた大手証券会社（株式・債券のセールス、投資銀行業務など）リーマン・ブラザーズが倒産。同社の債券などを保有する銀行に大規模な損失が発生した。

●――破綻への展開――ケーススタディ

リーマンは〇八年、六―八月期、不動産関連の評価損約六〇〇〇億円（五六億ドル）を出して約四二〇〇億円の赤字を計上した。このため資産売却の検討に入った。この年の七月ＭＢＳの格下げ（ムーディーズ）が大きく影響したのである。

七～八月、リーマンが住宅ローン関連で巨額の評価損を出した事に対し、ムーディーズは「リーマンの長期債務格付け（債務履行能力の度合い）の格下げ」を発表した。リーマンは「商業銀行の保有するトリプルＡのＭＢＳ三八〇〇億ドルでうち一一〇〇億ドルに、また海外投資家の保有額四一三〇億ドルのうち一一八〇億ドルにリスクがある」と表明。これらをつうじて九月にはリーマン株が急落。S&Pなど格付け会社がリーマンを格下げし、ムーディーズが「リーマンの格付け維持には過半数株売却や身売りが必要」と表明。こうしてリーマンは破産したのである。

このリーマンショックでのCDS保険の支払いの困難化問題などでAIGの経営が危機に陥り、AIGは政府管理下に入り、連邦準備銀行から五年間六〇〇億ドル融資、一五〇億ドルの公的資金投入を受けることになったのである。

日本への影響も大きかった。日本の大手銀行は、リーマンへの融資で推計二七億ドル二九〇〇億円の債券を保有していた。その一部のみの回収しか見込めなかった。また地銀への影響も大であった。

まさに世界には日本の国家予算をこえる一〇〇兆円のCDOが流出している。アメリカの住宅金融会社は一〇〇社以上が倒産、米最大の銀行シティ・グループは破綻の危機に直面し公的資金投与をうけた。メリルリンチなどは経営破たんしバンク・オブ・アメリカに吸収された。

また特別目的会社として親会社からの出資や、大量に保有したCDO、RMBSを担保にABCP（資産担保コマーシャルペーパー）を発行し短期資金を調達していたSIV（ストラクチャード・インベストメント・ビークル。銀行がリスク資産を消すために会社本体と分離させることを狙った事業体で、〇七年危機以降、自力での資金調達ができなくなったため銀行本体に解消した）にも経営破たんが続出した。

例えば日本でもみずほ銀行は二〇〇七年五月に保有していた五〇〇億のサブプライム保有額を九

月には一〇〇〇億に増加させた、こうして多額の損失を出している。野村證券もそうだ。日本全体では一兆三〇〇〇億のサブプライム・ローンが保有されているといわれているが、六〇〇〇億円からの損失（二〇〇八年次推計）が予測されてきたのである。

こうして起こった世界金融危機をつうじた大不況、グローバリズム的連鎖、日本も自動車業界や大手電気メーカーの不況と解雇攻撃にはじまる大不況の波にさらわれているのである。

●――ブッシュの戦争政策のための経済主義的国民統合の破産

同時にこのことは低所得者層に、むりやりの押し売りをも含んだサブプライム・ローンの強力な販売をつうじ、「労働力の金融化」をもって、労働者階級からの金融的収奪を土台に、住宅バブルをつづけ、対テロ戦争国家の経済成長をつづけ、また、住宅バブルをつうじた経済主義的国民統合を展開しようとした米帝国主義の経済的な失策にほかならない。

ブッシュ政権はまさに、このサブプライム危機によって陥没したのであった。

「カリフォルニア、フロリダ、ネバダはすごい状態です。三〇～五〇％の住宅ローンが担保価値割れした水没状態です。オバマに投票した激戦区のいくつかは水没状態。……経済危機がいかに深刻か、個人に打撃を与えているかが見えます」（金子勝「金融資本主義の終焉」、『情況』二〇〇九年一―二月号）。

まさにオバマ政権による戦争政策・経済政策の一定の転換（イラク撤兵政策、排ガス規制などを先鞭としたグリーン・ニューディールなど）はそれをうけての、景気回復策にほかならない。

金融工学のこのような破産は、市場における貨幣供給量をより大量につくりだすことが、限られた富を、最大多数の人々に平等に分配することになるというマネタリズムの考え方にもとづき、その考えを金融取引において組織したものだということができる。

そして、まさにこのような金融工学の破産によって現出した金融危機の結果、生産は過剰生産となり、資本の過剰＝商品の過剰という現象、大不況が現出してしまったのである。

●――アメリカの成長神話の破産

その破綻の問題の根幹には、資本主義の必然的な景気循環がはたらいている。

住宅バブルの前には、ＩＴ景気などにささえられたニューエコノミーブームがあった。そこでは、〈生産性の上昇によって米国経済からは景気循環が消失してしまい、インフレなき長期景気拡大が実現、情報技術の発展による在庫管理の効率化、規制緩和による企業間競争、労働市場の柔軟化などが理想的な経済構造をもたらした〉とされる、ニューエコノミー論が登場した。

〈例えばこうした考え方は、金融工学の前提でもある。ＣＤＯなどの証券化商品の考案は景気の上向きがずっとつづくという設定でしかなされないものだった。景気下降のなったときの反転が考慮されないことになる〉。

住宅・不動産ブーム——サブプライム・ローン政策は、このような経済成長の心理にも支えられながら、市場原理主義をつうじ貨幣供給量の回転をあげる、収益の流動性、貨幣流通をアップさせてゆくという考え方にもとづき、証券化商品にみられるような投機資本主義を展開してきたのである。

しかし、こうした投機資本主義もまた、その実体の力量は、剰余価値の搾取による資本蓄積を土台とする以外ない。今回のサブプライム問題における「労働力の金融化」（の限界）とその破産という場面こそは、その実質的資本蓄積が資本主義の運動をあくまで、規定しているのだという、そのことを明確に示しだしたのである。

そしてこのような金融危機はアメリカが、日本や中国に国債をかわせるなどして世界から集めてきた資金を、アメリカの金融市場で増殖して、これを国外に流出させ、投資を誘導してゆくというサイクルを機軸として、ドルの基軸通貨性を確保してきた、そのサイクルの破綻の危機が現出してしまっていることを意味する。

●——過剰生産力の形成を根幹とした景気循環の必然性

そもそも資本主義は、好況期の生産力の過剰にもとづく景気循環をのがれることはできない。そこでマルクスがつぎのようにのべていることは、確認しておこう。

「信用の発達につれて生産過程をその資本主義的制限を乗り越えて推進することの必然性、過剰取引や過剰生産や過剰信用が発達せざるをえないのである。それと同時に、これはまた、つねに、ある反動を呼び起こすような形で起こらざるをえないのである」(『資本論』第三巻、マルクス・エンゲルス全集25b)。

つまり資本主義の過剰生産とそこからくる反動としての、歴史的にいろいろな状態を示しだす恐慌や不況は、それこそが資本の運動なのである。そのようなものの一つとして住宅バブルの崩壊から大不況への展開ということが現象してきた。その様相は、以上にわれわれが見てきたとおりである。

ここでマルクス経済学の経済学原理論でいわれている景気循環の代表的なシナリオを書いてみる(拙著では社会評論社刊『アウトノミーのマルクス主義へ』、「第二部1.「資本の専制——賃金奴隷制と資本の労働処分権」参照)。

好況期における過剰生産の展開によって、設備費や賃金の上昇によって、資本家の利潤になる部分の割合(利潤率)が相対的に低下することに対応することからも、利潤部分を引き上げようとする資本は、銀行からの借り入れをもって過剰生産を続けようとする。だが過剰生産には限界がある。販売は頭打ちとなる。結果、銀行は産業資本家への資金の貸し出しを抑制(利子率の上昇という形で)する。商品交換はすべて産業間でいろいろ連関しているから、全社会的な商品の過剰、資本の過剰などを現象し、投売りがはじまり、最後は経済は麻痺、恐慌が起こる。

このように資本は何らかの理由で過剰な資本投下による過剰生産をつづけることになるのである。

これにつづく不況期には合理化と労働賃金の低下を根拠に、資本は生産設備などを刷新し、過剰生産力を消化する市場をつくり、新たな資本蓄積を開始しようとする。不況期から好況期への過程では不況期に排除された労働力を雇い入れ好況期を準備する。それは、資本が利潤をよりおおく生産するためになされるが、ふたたび過剰生産問題が襲ってくるということだ。以上がシナリオのあらましである。

結局、労働者は資本主義のこの循環においては、労働力商品として、資本にとって必要な生産力として存在するにすぎない、ということだ。そもそも労働者階級は、資本主義がつづくかぎり、こうした景気循環に左右された人生をおくりつづけることになる。

今日の「恐慌」、大不況もまた、こうした過剰生産力の形成を軸としてあらわれているものだ。次に過剰生産を資本の無政府性から説明したものを例にとろう。

「『過剰生産に基づく資本主義固有の矛盾』とは何か。ごく簡単にいえば、それは要するにひたすら利益最大化を求めて生産を拡大する供給側と、そうして造りだされたモノを吸収する能力におのずと限界がある需要側との間に生じるミスマッチである。このミスマッチが耐えがたいところまで来て『爆発』し、価格や雇用という経済活動の基盤部分に破壊的な力が襲いかかり、『最悪の経済状態』が現出するというわけである」（浜矩子『グローバル恐慌』、岩波新書）。

まさに住宅バブル・建設ラッシュもそういうことだ。この過剰生産と相互作用する過剰投資・証券化商品の多様な販売が過熱したわけである。

「金融証券化が生み出す合成の誤謬の中で、市場参加者たちがお互いにリスクを押しつけあった、我勝ちに危ない橋を渡る金融機関たちは、そうすることで、結局のところ、危ない金融商品のいわば『生産過剰』を促していた。過剰生産化した金融商品に買い手がつかなくなり、それらが値崩れを起こし、市場が崩落した、この流れは古典的恐慌のそれに合致している」（浜矩子、前掲）ということだ。

つまりここでの「古典的恐慌」という意味は、マルクス・エンゲルスなどが生き、それを分析したころの――そして、経済学原理論などでの「恐慌」の概念に含まれるところの、過剰生産を軸とした恐慌の概念に投影される事態だということだろう。

第四章——帝国主義天皇制問題としての森友問題

森友問題は、①国有地売却問題（財務省理財局長、財務省近畿財務局と大阪府が連携し、国有内格安払い下げに関する疑惑があるなどの問題）、②小学校設立認可についての「何らかの政治的関与」が疑われる問題（大阪府私学審議会における私学認可新基準と、異例の速さで認可したことに関する疑惑が浮上している問題）というものだが、もう一つ教育内容の問題がある。本論では教育内容をめぐる問題を見てゆく。

●――「瑞穂の國」と教育勅語

籠池泰典氏らの森友学園は「瑞穂の國記念小學院」（「安倍晋三記念小学校」にかわり）を設立しようとしていた。この「瑞穂の國」とは、どこのことか。ここから話をはじめたいと思う。

同学園の塚本幼稚園では園児が、「教育勅語」を暗唱させられていたが、それと、深く関係している。この学園の理事長だった籠池泰典氏自身が、どういう意図で、この名前を付けたかはともかく、天皇主義・愛国教育というところでは、それは次のような想定を故なしとしないだろう。

この「瑞穂の國」とは『日本書紀』にのべられている「天壌無窮の神勅」の中に存在するものだ。そしてこれが森友学園の愛国教育の理念、教育勅語斉唱と深い、直結した関係を描くものにほかならなかった。

この神勅は、次のように述べられている。この神勅は、天照大神《アマテラスオオミカミ》が皇孫であるニニギノミコトに対して述べた詔である。一九三七年、文部省が編纂した『國體の本義』から引用しよう（カタカナ部分は平仮名、新仮名遣いにした）。

「豊葦原の千五百秋《ちいほあき》の瑞穂の國は、是れ吾が子孫《うみのこ》の王《きみ》たるべき地《くに》なり。宜しく爾皇孫《いましすめみま》、就《ゆ》きて治《しら》せ。行矣《さきくませ》。寶祚《あまつひつぎ》の隆えまさむこと、當に天壌《あめつち》と窮りなかるべし」。

ここに出てきた「瑞穂の國」は、天皇が永遠に支配する国だ。『國體の本義』は述べている。「天壌無窮とは、天地と共に窮りないことである」。しかしそれは、単に時間を意味するものではない。「過去も未来も今において一になり、わが国が永遠の生命を有し、無窮に発展することである。……我が歴史の根底にはいつも永遠の今が流れている」。

そして、次のように展開する。

「『教育に関する勅語に』『天壌無窮ノ皇運ヲ扶翼スヘシ』と仰せられてあるが、これは臣民各々が、皇祖皇宗の御遺訓を招述したまう天皇に奉仕し、大御心を奉戴し、よくその道を行ずるところに實現される。……まことに天壤無窮の寶祚は、我が國體の根本であって、これを肇国の初に當って、永久に確定し給うたのが天壤無窮の神勅である」ということだ。つまり、「教育勅語」は「天壤無窮の神勅」を実践し、天皇の國＝豊葦原の瑞穂の國を、臣民として実践するものにほかならない。

●──「天壤無窮の皇運」──天皇のために死ね

まさに教育勅語の「核」となる部分は、『國體の本義』が引用・宣揚する「天壤無窮の皇運を扶翼すべし」という個所にほかならない。「公益を廣め世務を開き常に國憲を重じ國法に遵い一旦緩急あれば義勇公に奉し以って天壤無窮の皇運を扶翼すべし是の如きは獨り朕が忠良の臣民たるのみならず又以て爾祖先の遺風を顕彰するに足らん」（教育勅語）。つまり、天皇の国のために死ぬ覚悟をせよといっているのである。

「教育勅語」は、明治天皇の名で出された勅語であって明治二三年（一八九〇年）一〇月三〇日に、御名御璽として公布されたものだ。これは天皇の「勅令」（議会で裁可された法律と同等）ではないが「教育勅語」には、法律的効力があった。まさに、これは勅令と同じく、帝国議会の協賛を経ず、〈天皇の大権〉により発せられたという位置づけをもつものだ。

大日本帝国の明治憲法下では、天皇大権は絶対であり、法学者も、「天皇大権主義」を憲法解釈の基本とするのが、大きな勢力を占めていた。

そして大日本帝国に日本をもどそうとする人々にとって、この、一九四八年に立法府において排除（衆議院）、失効（参議院）された、この「明治天皇の勅語（の精神）」を復活させる願望は、戦後、生き続けてきた。

●――「愛国心」の意味

「愛国心」ということを、「教育勅語」の精神で考えることを主張する人々の中に、安倍首相（二〇〇六年九月～二〇〇七年九月、二〇一二年一二月～二〇一九年一一月現在）のブレーンである八木秀次氏（麗澤大学教授・法学者）がいる。二〇〇六年「新しい教科書をつくる会」から独立してつくられた一般社団法人「日本教育再生機構」の理事長などとして活動している。八木氏はこう述べている。

「『国を愛する心』は自分がその国に生まれたことを宿命として受け止め、国と運命を共にする覚悟、場合によっては国のために『死ぬ』ことすら厭わぬ『愛国心』だと表明している（「保守派の油断がもたらす危機――教育基本法改正に仕込まれた革命思想」、『正論傑作選　憲法の論点』所収、『正論』編集部編、発行・産経新聞ニュースサービス、発売・扶桑社、二〇〇四年、二七七頁）。まさに、「天壌無窮の皇運を扶翼すべし」ということだ。

これは二〇〇六年に改正施行されることになる「教育基本法」を批判してのものだ。改正「教育基本法」が「国と郷土を愛する心」などという文言を入れているが、その国とは、「『新しい「公共』』の別名に他ならず、人々の社会契約によって『つくられる』国家のことである」、だがそれは「日本の歴史を継承する歴史的な存在としての日本人ということではない」（前掲二七七頁）との理由からだ。

●——教育勅語と戦後教育基本法は矛盾しない——「道徳教育」の欠損という主張

こうした八木氏の主張の論点は、「教育基本法——その知られざる原点」（『誰が教育を滅ぼしたか』、PHP、二〇〇一年）に展開されている。それは一言でいうならば、戦後の教育基本法は、教育勅語（の精神をもった道徳教育）を排除するものではないという主張である。

戦後一九四八年、衆議院と参議院で教育勅語に対する排除、失効の決議が行われたが、その一年三か月前に、制定・施行されたのが「教育基本法」だった。その「教育基本法の起草に携わった日本側関係者は何れも教育勅語の道徳的権威を主張し、教育勅語との両立を前提に教育基本法の制定を構想していた」（一〇〇頁）というのが主張としてまずある。つまり、八木氏の言葉で戦後教育基本法の「立法者意思」は「教育勅語擁護」だったということだ。文部大臣など一人ひとりがどう考えていたかが詳論されているが、ここで扱う余裕はない。

八木氏は次のように展開してゆく。両院における教育勅語の廃止決議は、GHQの発意・主導でなされた。だが、教育勅語自体、明治期における「教育荒廃」を背景としてうまれたものであった。その教育勅語を廃止し、こうして「戦後教育は……教育勅語を失った形で出発した」。「私は教育勅語そのものに拘っているわけではない。教育勅語の復活を主張したいのでもない。私がここで言いたいのは、今日の教育の『危機』を目の当たりにした時、そもそも教育勅語が担うべきことを想定されていたために教育基本法には積極的には規定されなかった道徳教育の理念をもう一度、『基本』に立ち戻って補充する必要があるのではないかということである」（前掲一一三頁）というわけだ。

こう見てくると、現政権が二〇一七年三月三一日にした「教育勅語」に関する閣議決定での論法、「学校において教育に関する勅語をわが国の唯一の根本とするような指導を行うことは不適切」としつつ「教育基本法などに反しない形で教材として用いる」ことはできるということになるだろう。

安倍首相らは、森友学園は切ったとしても、それで愛国教育を否定するとはならない。まさに弥縫策としての閣議決定だ。まさにこの閣議決定は、一九四八年に行われた、教育勅語に対する立法府の「排除・失効」決定を破壊することを意味する。

＊この「閣議決定」は、民進党・初鹿明衆議院議員が提出した質問趣意書（教育勅語を学校教育で使用することを禁止することを求める旨のもの）に対してのものであった。

●――稲田朋美氏の教育勅語擁護

こうした教育勅語擁護の姿勢は、安倍内閣では顕著である。例えば、稲田朋美防衛相（二〇一七年六月現在）などは、二〇一七年三月八日の参議院予算委員会で、社民党の福島瑞穂副党首が、稲田朋美氏が、〇六年に月刊誌の対談で「教育勅語の精神は取り戻すべきだ」と述べたことに対し、「教育勅語が戦争への道につながったとの認識はあるか」と質問したのに対し「そういう一面的な考えはしていない」と反論した。また、「親孝行や友達を大切に」とかが「核の部分」であり、「道義国家をめざすこと」が中心だとの内容を答弁した。

安倍内閣の閣僚のうち神道政治連盟に所属している閣僚が大半をしめているといわれるのも、うなずけるというものだ。

たとえば稲田朋美氏などの場合、以下のような関係が展開している。稲田氏は生長の家学生会全国総連合や、反憲法学生委員会全国連合を生みだす生長の家の創始者・谷口雅春の『生命の実相』から影響を受けているようだ。二〇一二年四月（衆議院議員二期目）に、靖国神社でおこなわれた「第六回東京靖国一日見真会」で、「ゲスト講演」した稲田氏は、祖母から受け継いだ古く、何十年も読み込まれた『生命の実相』（の中の一冊）を参加者に見せて、講演したことがあったという。

●――安倍と松井大阪府知事を結び付けた八木氏

実は、この八木氏の「日本教育再生機構」の「日本教育再生機構大阪」が、二〇一二年二月二六日に大阪でおこなった「教育再生民間タウンミーティングin大阪　教育基本条例の問題提起とは」というシンポジウムで、安倍晋三氏（当時・元首相）と松井大阪府知事が出会い、八木氏がとりもって、教育理念などの問題で、意気投合したのが、森友学園「忖度」問題のそもそもの始まりだという分析がある。

＊　大阪教育基本条例とは何か

二〇一二年三月に施行された「大阪府教育行政基本条例」は、その第四章冒頭で、教育振興基本計画の策定において、「知事は委員会（大阪府教育委員会のこと――引用者）と協議して基本計画の案を作成するものとする」とある。これが首長の教育委員会への介入であるとして、大阪のさまざまな教員組合などがこの条例に反対している。また、第九条四項においては「委員会」は生徒らへの「指導」が不適格な「教員」に対し「免職その他の必要な措置を厳正に講じなければならない」としている。これが、不当解雇攻撃を正当化するものであることは、火を見るより明らかだ。こうして、「教育の正常化（右傾化）」、教育労働運動の解体を促し、日の丸教育をつくっていこうとする意図がはっきりと表明されている。

まさに、「日本教育再生機構大阪」が開いた、二〇一二年二月二六日のシンポジウムは、こうした条例の成立とリンクしている。

●――全部つながっている

そもそも安倍首相は日本会議の会員（同会議の「国会議員懇談会」）であり、森友学園の当時・理事長だった籠池泰典氏は、日本会議大阪支部「運営委員」にもなった。また籠池氏の娘の「瑞穂の國記念小学院準備室長」籠池町浪氏は、例えば二〇一七年三月一九日開催の「シンポジウム.in芦屋　これからの歴史教育を話し合おう」に講師として参加が予定されていた（見合わせたという）が、そのシンポは「日本の歴史文化研究会」と「日本教育再生機構兵庫」の共催だった。その「日本教育再生機構」の理事長である八木氏も日本会議系右翼学者にほかならない。

さらに前記、「小學院」の「名誉校長」に安倍昭恵氏が就任した時、二〇一五年九月の同学園の「塚本幼稚園」での講演会では、「瑞穂の國記念小學院を語る」との演題で講演した安倍昭恵氏は「せっかくここで芯ができたものが、（公立）学校に入ったとたんに揺らいでしまう」とまで言い放ったのである。

また、この日本会議の事務方は、菅野完『日本会議の研究』（扶桑社新書、二〇一六年）が詳論しているように（特に二五〇頁以降）、かつての右翼学生運動「反憲学連」（反憲法学生委員会全国連合）のOBたちが担っている側面をつよくもつものである。まさに安倍首相側、大阪維新の会、籠池氏ら森友学園、日本教育再生機構、日本会議は、すべて、天皇主義・愛国教育で一体なのである。

●──「トカゲの尻尾切」は成功するか

それが今回の森友問題で、「籠池なんて知らない」となり、籠池氏が国会の証人喚問（二〇一七年三月二三日）のとき、「トカゲの尻尾切にならないように」との籠池氏の発言となっていった。このトカゲの名前こそ「日本会議」だということだ。

日本会議は大阪支部が、二月一七日（二〇一七年）、籠池氏が「大阪支部長」だと報道した、週刊文春と週刊新潮に、「支部長ではない」旨の訂正記事を要求した抗議文を送っている。さらに、日本会議事務総局は、三月一三日、「六年前の平成二三年一月に本会を退会されている」との文書を同組織の国会議員懇談会の各議員に配布などしている。関係性を否定したいとの考えからだろう。

大阪維新の会の松井大阪府知事は、籠池氏が国会の証人喚問で「松井知事に梯子をはずされた」と述べたことに対し「当たるところは僕しかないのか、痛々しくかわいそう」などと皮肉るなど、無関係を装っている。

また、稲田朋美防衛相（二〇一七年六月現在）も「一〇年ほど会っていない」「関係は、私にはない。断っている」と国会で答弁しているが、稲田氏は籠池氏が会員として参加してきた「関西防衛を考える会」の「特別顧問」をしてきた。一方籠池氏は例えば二〇一一年からは大阪護国神社で同会などが開く花見の実行委員長をするなどしてきた人だ。だが関西防衛を考える会は、「塚本幼稚園」などへの寄付などは一切していないと切り捨てに必死だ（『AERA dot』三月一七日、一六：三二「愛国爆弾が国会で炸裂へ」参照）。

また安倍首相は籠池氏との関係について二月一七日の国会では、「妻から森友学園の先生の教育は素晴らしいと聞いている。いわば私の考え方に非常に共鳴している」といっていた。だが二月二七日には「教育の詳細は承知していない。安倍首相がんばれと園児に言ってもらいたいということは全くさらさらない」となり、二八日には「（籠池理事長と）個人的関係は全くない」と国会での答弁を籠池氏との関係否定に変えていった。籠池氏とつながっていた人々がトカゲの尻尾切におわれ、この問題を早く終わらせたいとやっきになっている。この人たちにとって、ほとぼりが冷めるまでは、森友学園を媒介に作られたいろいろな関係性を後景化させたいところだろう。

一九八〇年代のリクルート事件では、天皇主義者・中曽根康弘前首相（当時）が、自民党を離党に追い込まれ内閣は総辞職、その後の第一五回参議院通常選挙では自民党は建党史上、初めての参議院過半数割れをおこして惨敗するなど自民党にとっての政治危機を招いた。この間の森友問題では、安倍首相は「私や妻が関わっていたということになれば、……間違いなく総理大臣も国会議員も辞めるということは、はっきりと申し上げておきたい」（二〇一七年二月一七日、衆議院予算委員会）と言い切っている。だからこそ籠池氏を「トカゲの尻尾切」にして、逃げ切ろうとしているのだ。

（二〇一七年六月二七日）

（初出：『人民新聞』No.1616、二〇一七年五月二五日号第四面、「籠池氏との関係を懸命に否定する日本会議　天皇主義愛国教育で一体——安倍首相・維新の会・森友学園・日本会議」に大幅加筆）

第五章――「共謀罪」＝「改正・組織犯罪処罰法」の問題点

国家権力の恣意的運用それ自体を目的とする治安法

第一節　「テロリズム集団その他」の定義を巡って

二〇一七年六月一五日、政府支配層・国家権力は、「テロ等準備罪」として、「共謀罪（対象犯罪二七七）」（組織犯罪処罰法・改正案）の国会成立を強行した。TOC条約（国際組織犯罪防止条約、パレルモ条約）の締結に必要な法律整備だという「正当性」の主張に基づくものである。だがTOC条約は、暴力団、マフィアなどがマネーロンダリングや人身売買などの犯罪をすることを処罰するもので、テロ対策の条約ではない。だから共謀罪とTOC条約の整合性には、多くの立場からの疑問がなげかけられている。

「共謀罪」の性格それ自体を私の立場から、最初に規定しておくならば、自民党改憲案の「緊急事態」条項（後述）に先行的に準拠した人権抑圧、警察国家、戦争国家の治安弾圧立法にほかならないということだ。そういうことが、単にアジテーションではないことは、この立法を読めばはっきりわかることだ。

例えば二〇一九年六月一五日、「共謀罪成立二周年集会」で「共謀罪のリハーサル?! ストライキしたら逮捕?!」と題する「全日本建設運輸連帯労働組合関西地区生コン支部弾圧事件弁護士共同アピール」が発表された。そこでは二〇一八年以降、当組合に対し、警察権力が、ストライキを「威力業務妨害」などとして大量逮捕弾圧をおこない、また逮捕――再逮捕の繰り返しによる長期勾留などを行ってきたことに対する抗議とともに、次のように、共謀罪に関わる問題を指摘している。

「担当弁護団の報告によれば、今回の弾圧においては、スマートフォンのデータを押収して共謀を問題として逮捕するなど、共謀罪の捜査手法を確立することが意識されているとのことです。こうした弾圧手法は許されません」。と、共謀罪執行のリハーサルとしての性格を指摘している。

例えば、これから見るように共謀罪に規定された共謀の「準備行為」の捜査に際限はなく、完全な見込み捜査、でっち上げ逮捕を可能とするものだ。

同法は、「国立国会図書館」のホームページの中の「議案情報」で、検索すれば読める。件名「組織的な犯罪の処罰および犯罪収益の規制等に関する法律等の一部を改正する法律案」、種別「法律案（内閣提出）」、提出回次（国会のこと）「193回」、提出番号「64」である。

●――「テロリズム集団その他」とは

同法は「組織犯罪処罰法」の改正法規であり、「組織犯罪処罰法」とは別に「共謀罪」なる名前の法律があるわけではない。ここで「共謀罪第何条」とは、「組織犯罪処罰法第何条の改正事項」。「新設事項」であることを示すものである。

同法の「第六条の二」（新設）は、次のように書いている。「テロリズム集団その他の組織的犯罪集団（この「その他」で、公安の恣意的な運用が際限なく広がる危険がある——引用者）（団体のうち、その結合関係の基礎としての共同の目的が別表第三に掲げる罪を実行することにあるものをいう。……）」とされているものである。

その者たちが、「死刑又は無期若しくは長期一〇年を超える懲役若しくは禁錮の刑が定められているもの」（別表4になる）の「準備行為」をしたとき「五年以下の懲役又は禁錮」になる（もう一つ同様の規定があるがここでは省略する）というのが、この第六条二だ。

この「準備行為」は「当該行為を実行するための組織により行われるものの遂行を二人以上で計画したものは、その計画をした者のいずれかにより、その計画に基づき資金又は物品の手配、関係場所の下見その他の計画をした犯罪を実行するための準備行為」とされるものである。完全な見込み捜査を可能とするものだ。

こうして上記、刑事罰の犯罪法規を公安権力が、今までよりもより、恣意的に運用できるように、しようとするものに他ならない。

だからこの別表3に何が書かれているか、どういう法律に違犯したもののことかを見ることにしよう。

●――「潜在的違法事案の摘発」でつかわれてきた犯罪

この別表3には、九〇個の犯罪があげられている。その一つに、刑法七七条一項の「内乱」や、刑法一〇七条の「騒乱」などが、あげられている。この準備行為の範囲は、恣意的に解釈した場合、ものすごく広くなり、およそ「帝国主義の侵略反革命を蜂起・内戦へ」などというスローガンを言っているなどの組織の経済活動総体が、少なくとも監視の対象となる可能性があるだろう。

だが、ここでは、もう少し、現実に照らしてみてゆこう。

それが、一九八〇年代中頃より、警視庁公安などが「潜在的違法事案の摘発」などと称し、微罪逮捕弾圧を繰り返してきた、以下の法律群である。

これは例えば活動家の自分の住所と引っ越しなどで自分の自動車の住所が古い住所だったりした場合、それを「公正証書原本不実記載」「免状不実記載」などとして検挙するというものとして展開されてきたものだ。「虚偽の住民登録」(電磁的公正証書原本不実記載・同供用)などとして、でっち上げ、フレームアップの「微罪」弾圧がおこなわれてきた事例は、いくつもある。

以上のような事例に、関わるように、この表の「二ヌ」では次のような規定がある。

「刑法第一五五条第一項(有印公文書偽造)若しくは第二項(有印公文書変造)の罪、同法第一五六条(有印虚偽公文書作成等)の罪……同法第一五七条第一項(公正証書原本不実記載等)……同法第一六一条の第一項から第二項まで(電磁的記録不正作出及び供用)の罪」などがあげられている。

これらは、公安警察の「微罪」でっち上げ弾圧であるにもかかわらず、過激派が意図的にやっているなどとして展開してきたものであり、これが、共謀罪では、「テロリズム集団その他」の行う「罪」とし、これを行う者が「テロリズム集団その他」とでっち上げられているのである。

だが、この別表3は、それにはとどまらない。極め付けがまだあるのである。

●──航空危険罪、火炎瓶法を規定

以下の項目は、三里塚闘争にかかわる新左翼は「テロリズム集団その他」だと露骨に言っているようなものである。

この表の「五十八」として「火炎びんの使用等の処罰に関する法律（昭和四七年法律第一七号）第二条第一項（火炎びんの使用）の罪」。「六十」として「航空の危険を生じさせる行為等の処罰に関する法律（昭和四九年法律第八七号）第一条（航空危険）、第二条第一項（航行中の航空機を墜落させる行為等）」などが、あげられている。

これらは三里塚闘争において、一九八〇年代後半、三里塚現地にある新左翼の団結小屋の撤去のため、この団結小屋が「暴力主義的破壊活動者」の結集場所となり、三里塚空港に離発着する航空機に危険な影響を及ぼしているとし、この小屋を、運輸大臣命令で撤去できるとした「成田治安法」を歴史的な根拠とするものに他ならない。この「成田治安法」での撤去を受けた団結小屋のセクトもまた、「テロリズム集団その他」と呼ばれ、新たに同法に基づいて監視などされる可能性がある。

こうして、この法は、一定の集団を想定しているということが言えるだろう。

そのことをふまえつつ、こうした監視・弾圧を広範な民衆、市民に広げ、市民社会全体を監視する体制が、この共謀罪の体制だといえるだろう。

まさにそこに法案起草者たちの真の意思・意図がある。緊急事態条項を貫徹するための治安体制の先取り的な形成なのである。

「自民党改憲草案」の「第九章 緊急事態（緊急事態の宣言）第九十八条」は次のようである。


「内閣総理大臣は、我が国に対する外部からの武力攻撃、内乱等による社会秩序の混乱、地震等による大規模な自然災害その他の法律で定める緊急事態において、特に必要があると認めるときは、法律の定めるところにより、閣議にかけて、緊急事態の宣言を発することができる。
２ 緊急事態の宣言は、法律の定めるところにより、事前又は事後に国会の承認を得なければならない。
３ 内閣総理大臣は、前項の場合において不承認の議決があったとき、国会が緊急事態の宣言を解除すべき旨を議決したとき、又は事態の推移により当該宣言を継続する必要がないと認めるときは、法律の定めるところにより、閣議にかけて、当該宣言を速やかに解除しなければならない。また、百日を超えて緊急事態の宣言を継続しようとするときは、百日を超えるごとに、事前に国会の承認を得なければならない。

4　第二項及び前項後段の国会の承認については、第六十条第二項の規定を準用する。この場合において、同項中『三十日以内』とあるのは、『五日以内』と読み替えるものとする」。

このような緊急事態の定義は、「国家緊急権」と法概念化されるものであり、国家の緊急事態における国家の「自然権」とされているものである。そしてこの規定は、実は、人民が自然権として持っている「革命権・抵抗権」と、セットの関係にあると近代民主主義の自然法概念ではされているものだ。だが「草案」は、こうした「国家緊急権」は認め、人民の「抵抗権・革命権」は、認めないというシフトをとっている。

また、「内乱等による社会秩序の混乱」なども、緊急事態と規定されているように、国家体制打倒の革命に対する弾圧の基本法として、この「草案」が存在していることは明白である。

「（緊急事態の宣言の効果）第九十九条　緊急事態の宣言が発せられたときは、法律の定めるところにより、内閣は法律と同一の効力を有する政令を制定することができるほか、内閣総理大臣は財政上必要な支出その他の処分を行い、地方自治体の長に対して必要な指示をすることができる。

2　前項の政令の制定及び処分については、法律の定めるところにより、事後に国会の承認を得なければならない。

3　緊急事態の宣言が発せられた場合には、何人も、法律の定めるところにより、当該宣言に係る事態において国民の生命、身体及び財産を守るために行われる措置に関して発せられる国その他公の機関の指示に従わなければならない。この場合においても、第十四条、第十八条、第十九条、第二十一条その他の基本的人権に関する規定は、最大限に尊重されなければならない。

4 緊急事態の宣言が発せられた場合においては、法律の定めるところにより、その宣言が効力を有する期間、衆議院は解散されないものとし、両議院の議員の任期及びその選挙期日の特例を設けることができる」(傍点引用者)。

この法規の冒頭で定義している「政府は法律と同じ効力を有する政令を制定できる」とあるのは、政令は国会の審議を通さないものであって、かつ法律と同じ効力というのは、明治憲法の天皇の緊急勅令とおなじものだ。さらに、「何人も、……国その他公の機関の指示にしたがわなければならない」という国民徴用・有事動員の規定が書かれている。共謀罪はこうした体制を円滑に運営するために、常日頃から市民社会を監視し、緊急事態体制の構築を阻害するような行動(「おそれ」を含む)を弾圧することが、目指されている。もちろん、緊急事態以外の常時・平時にも、使われてゆく弾圧立法だ(拙著では、「国家基本法と実体主義的社会観」、『エコロジスト・ルージュ宣言』、社会評論社、九二頁以降、参照)。

第二節　「危殆（おそれ）」の罰則規定

●――表現の自由に対する監視

すでにみたように、共謀罪は、犯罪を実行する前に、警察が「準備」だと認識（でっち上げも想定される）した段階で、検挙することができる。こうしたことは、公安が目を付けた捜査対象を日常的に監視しなければ無理である。だから、表現の自由、内心の自由を際限なく抑圧する。

例えば、安保法制反対の集会に行った市民グループAが参加する地域共闘に新左翼セクト（「テロリズム集団その他」の規定として、前回見た同法の「別表第3」の犯罪を犯したとされているグループ）の組織した市民運動体Bが参加していた。公安は、それを見て市民グループAは、市民運動体Bとどういう関係か捜査する。そして、市民グループAも、同法「別表第3」に関連したグループと連絡のある団体として、今はそうでなくても、将来「テロリズム集団その他」になる可能性があり、捜査・監視の対象とされてゆくことになる。こうした監視対象の際限のない規定は、その公安部署に、これまで以上に資金が支給されることにもなり、だから、できるだけ手広く監視対象を広げるということになっていく可能性がある。

その場合、それは治安法の常とう言説としてある「おそれがある」という、危殆犯の規定とつながってゆく。犯罪を実行する「おそれ」としての「準備行為」、また、「準備行為」をする「恐れがある」共謀関係者を監視せよ（捜査権の行使として正当化される）というわけだ。そうでなければ、「準備行為」を把握できず、また、でっち上げで「準備行為」なるもののストーリーを作り上げることもできないだろう。こうして、社会運動を抑圧し、表現の自由を著しく侵害する監視秩序が出来上がってゆく。

まさにこうした「準備行為」は、罪状であって、「共謀罪」の構成要件（法律に規定された個別の犯罪類型）の規定ではない。だから、「準備行為」がない場合でも、警察権力は疑いに対してなどで捜査権を行使できるわけである。

●――危殆犯としての「準備行為」

共謀罪の「準備行為」は、「計画に基づき資金又は物品の手配、関係場所の下見その他の計画をした犯罪を実行するための準備行為」とある。これに対し共謀罪に反対する人々の中には、「戦後の近代民主主義国家の刑法においては、実行した行為を裁く大原則があるのに、共謀罪は、行為以前の内心まで裁く悪法だ」という言説がある。それは、一般論としては、正しいかもしれない。だが、歴史経験上は、正しくない。それこそ、戦後民主主義幻想だ。

また日本の場合、現行刑法は明治四〇年に公布され、その大日本帝国時代の法規が戦後出直し的に新設されるのではなく、「改正」されてきたという歴史を前提としなければならない。「正しくない」と書いたのは、以下のような理由からだ。

戦後日本では、破壊活動防止法という特別刑法（一九五二年公布、公安調査庁設置）が設置されてきた（「成田治安法」なども、この系統の法規になるだろう）。破防法においては、刑法で規定する内乱、騒乱、放火、爆破、殺人などの活動の範囲について、かかる活動のための「予備」、「陰謀」、「教唆」とその「扇動」までが、かかる活動の範囲に入れられている。例えば同法の規定では「文書」「図」「言動」も、この「扇動」に入るとされる。これは思想それ自体、例えば「帝国主義打倒！」という思想それ自体を裁くものである。

現に、一九六九年四・二八沖縄闘争（破防法四〇条一号、三号—騒擾・持凶器多衆公妨罪の扇動）、赤軍派による大菩薩峠での首相官邸襲撃訓練（同法三九条、四〇条一号、三号—殺人、持凶器多衆公妨罪の扇動）、などとして、「扇動罪」での弾圧が破防法の特徴となっている。

破防法が衆議院で審議されていたとき、当時の法務総裁（法務大臣）が答弁で「扇動等の行為は、現下の事態にかんがみますときわめて危険な行動であるにもかかわらず、現行刑法の規定をもってしては、決して十分ではないからであります」と述べている。破防法が思想そのものを裁く治安維持法の思想と通底する法規であることははっきりするだろう。

戦後においても、かかる近代刑法の大原則を逸脱する法規は存在するのである。また、現行刑法（明治期に公布）においても、その一〇六条「騒擾罪」（一九六八年一〇・二一国際反戦デーの新宿闘争（「新宿騒乱」と言われる）に適用）も「危殆犯」であり、「公共の静謐」が現実に侵害されていないときでも、その危険があると判断すれば適用できるとされている。

＊　この法規は一九〇七年（明治四〇年）に刑法が公布された折、明治期の旧刑法（一八八二年、明治一五年成立）「凶徒聚衆《しゅうしゅう》罪」を継承してできたものである（この場合、この法規の成立、解釈の変遷については、「足尾鉱毒凶徒聚衆事件」の大審院判決（一九〇二年、明治三五年）以降の変遷問題に触れる必要があるが字数の関係で省略する）。さらに、一九九五年「騒乱罪」となった。
　また戒厳令が発動された一九〇五年「日比谷焼き討ち事件」を権力は「凶徒聚衆事件」として構成している。この規定は、戒厳令中、「合囲地境」における「軍衙」における裁判の対象となる法規の一つとして「凶徒聚衆罪」が定められていたことに基づく。

危殆犯――扇動・予備罪――「準備行為」罪これらは、すべて同一の概念と見なければならない。

●――治安維持法「目的遂行」罪との重なりをもった共謀罪「六・二・二」

そうした権力の恣意的弾圧が際限なくできるシステムをつくる点で、これから見る共謀罪「第六条二の二」の規定は、重要である。

そこには次のように書かれている（傍点は引用者）。「テロリズム集団その他の組織的犯罪集団に不正権益を得させ、又はテロリズム集団その他の組織的犯罪集団の不正利益を維持し、若しくは拡大する目的でおこなわれるものの遂行を二人以上で計画した者も」、「準備行為」をおこなったときは、「同項と同様とする」（つまり、六条二の一と同様とする）というものだ。

ここでは、「テロリズム集団その他」に同調するシンパサイザー等々の人々が対象となっていると考えられる。例えば、公安政治警察からみて、シンパサイザーが「テロリズム集団その他」にカンパするのも、「不正（なぜなら組織的犯罪集団の権益それ自体が不正にあたるから）権益」を「得させる」行為とされるだろう。また、「テロリズム集団その他」のメンバーが参加した街頭署名の時、通りかかってカンパした人も、これに含まれる恐れがある。こうして、この規定は、際限なく恣意的な運用が可能となる規定だ。

そしてこの規定は、「國体の変革」「私有財産制度の否定」を目的とした結社、個人に対する罰則をさだめた「治安維持法」（一九二五年）に一九二八年「改正」で最高刑を「死刑」とすると同時に付け加わった「目的遂行罪」と重なり合う。

それは「結社の目的遂行のためにする行為をなしたる者」として、その人が本当に、ある結社と関係しているかどうかに関係なく、特高警察の側で、その人が、結社の「目的遂行」のために行動していると判断（でっち上げ）すれば、同法を適用できるとするものであり、結社以外の広範な人々への弾圧を可能としたものである。

治安維持法は、法益を「國体」（天皇制）護持の規定とするものだったが、「國体」という概念をはじめて法制的概念として登場させたものであり、天皇制国家を守るため、市民社会の一切の「不穏分子」を弾圧するため、市民社会総体を監視するものにほかならなかった。

こうした、公安当局のストーリーによる、でっち上げ、フレームアップ型の弾圧と、市民社会総体を監視することを目指す指向性を、共謀罪六条二の一とともに、六条二の二は、持っているといえるだろう。

第三節　「不正権益」「犯罪収益」の没収について

●――共謀罪における「不正権益」「犯罪収益」の没収

これまで二節にわたり、共謀罪のポイントについて、この組織犯罪処罰法の「改正」のポイントを見てきた。

この組織犯罪処罰法と、共謀罪なる「改正案」との関係だが、この法律は、もともと、暴力団対策・オウムなどのカルト的暴力集団の経済的資源を壊滅するべく、組み立てられた法律である。だから刑法でも、経済的犯罪やサリン・化学兵器などに関する処罰規定や、いくつかの「暴力行為」を処罰する規定はあっても、内乱罪や騒乱罪、火炎瓶法など、左翼過激派など、政治的過激派対策に使われるような法規は、もともと入っていなかった。ほとんどが、経済犯罪にかかわるもので、「覚せい剤」「売春」「不正競争」「金融商品取引法」「児童福祉法」「大麻取締法」などなど、あまり左翼とは関係ないものが大半を占めている。

それに対し、今回、共謀罪「改正案」では、この政治的過激派対策の内容がこれに代入された形となっている。

●——経済的処罰法の問題——「犯罪収益」規定の恣意性

例えば、この組織犯罪処罰法の立法趣旨に当たる、第一条は次のように明記されている。

「第一条　この法律は、組織的な犯罪が平穏かつ健全な社会生活を著しく害し、及び犯罪による収益がこの種の犯罪を助長するとともに、これを用いた事業活動への干渉が健全な経済活動に重大な悪影響を与えることにかんがみ、組織的に行われた殺人等の行為に対する処罰を強化し、犯罪による収益の隠匿及び収受並びにこれを用いた法人等の事業経営の支配を目的とする行為を処罰するとともに、犯罪による収益に係る没収及び追徴の特例等について定めることを目的とする」。

そして、第二条では「犯罪収益」に関する規定が列挙されている。

「第二条三　この法律において『犯罪収益に由来する財産』とは、犯罪収益の果実として得た財産、犯罪収益の対価として得た財産、これらの財産の対価として得た財産その他犯罪収益の保有又は処分に基づき得た財産をいう」、「第二条四　この法律において『犯罪収益等』とは、犯罪収益、犯罪収益に由来する財産又はこれらの財産とこれらの財産以外とが混和した財産をいう」。

「犯罪収益以外」に、これらの財産と「混和した財産」まで、「犯罪収益等」として同等にみなされるのだから、この法の適用で「犯罪集団」とされた集団の一切の財産は、「没収」「追徴」の対象となるだろう。もともと、この法の本筋はこうした経済的処罰法にほかならない。だから、政治的なものではないといっているのではない。逆だ。

これが、今回「テロリズム集団その他」に対して、次のように、作用してゆくことになる。

●――反帝闘争の組織の壊滅を狙う――「没収」の規定

「共謀罪」の法規は、組織犯罪処罰法の「第二条第二項」（犯罪収益の規定）に、次の一号を加えるとして、改正案である組織犯罪処罰法の「第六条二」（新設）で規定した「第六条の二（テロリズムその他の組織的犯罪集団による実行準備行為を伴う重大犯罪遂行の計画）の罪の犯罪行為である計画（日本国外でした行為であって、当該行為が日本国内において行われたとしたならば当該罪に当たり、かつ、当該行為地の法令により罪に当たるものを含む。）をした者が、計画をした犯罪の実行のための資金として使用する目的で取得した財産」としている。これも、いくらでも、解釈可能である。

この第一章につづく第二章から、「没収」の規定が始まる。

「団体に属する犯罪行為組成物件等の没収」（第八条）、「犯罪収益等の没収等」（第一三条）から、延々と規定が続いている。

こうして、「テロリズム集団その他」なるものの資金源を根こそぎ、没収しようとしている。これは、成田治安法が、航空危険罪などの名目で、三里塚現地の団結小屋を撤去していったように、それをもっと、規模を無限にして、弾圧対象の団体の財産をねこそぎ没収する可能性を示唆するものにほかならない。

組織犯罪処罰法には、さらに「不動産の没収保全」（第二七条）、「船舶等の没収保全」（第二八条）、「動産の没収保全」（第二九条）、「債権の没収保全」（第三〇条）、「その他の財産権の没収保全」（第三一条）など細目にわたって規定されている。また、追徴の規定が別にある。追徴とは刑法上、本来没収できるものを没収することができないときに、その物の価額の納付を強制することである。

アメリカの「愛国者法」（二〇〇一〜二〇一五年）にも、テロリズム活動、支援などを対象とした資産凍結などの規定があった。

第四節　「転向」システムとしての共謀罪——手続きそのものがファシズム法

●——「悪法も法」？——「治安維持法」擁護

六月二日（二〇一七年）、この共謀罪が審議されている衆議院法務委員会で共産党の議員の質問に法務大臣は、治安維持法はすべて適法的に運営されていた、何の問題もない旨の発言をしている。権力を法（社会契約）で拘束する・制限するという民主主義による「法の支配」という意味での法実証主義ではなく、「悪法も法」という意味での形式論理的な法実証主義であり（自民党の改憲草案では国家権威主義的（国家道徳主義的）な意味での法実証主義が顕著であるが――拙著では、「国家基本法と実体主義的社会観」、『エコロジスト・ルージュ宣言』、社会評論社、七五頁以降、参照）、その法の目的に基づいて適法に運営されていたということだ。人権破壊の拷問をふくむ取り調べという名前の転向強要、スパイ強要といった、ファシズム弾圧法であったがゆえに、戦後直後、廃止されたことについては、まったく、その事実経過を忘失するような発言にほかならない。

この治安維持法は、何度か「改正」がおこなわれており、一九三四年（第六五議会）に「予防拘禁」の規定が、一九四一年（第七六議会）では「予防拘禁所」が設置された。三四年の予防拘禁の規定は、非転向のままで釈放される者の「再犯」予防であった。それに加え、四一年の規定では、「思想犯保護観察法」の保護観察では十分に再犯の危険を防止するのが困難であるとみられたときには、予防拘禁所に入れられるとした。つまり「すでに釈放されてしまっているものでも、『転向』の仕方が不十分であるとみた場合には――現実の犯罪行為がないのに――もう一度身体の拘束を課することを可能ならしめるものである」（奥平康弘『治安維持法小史』、筑摩書房、二一七頁）というように展開した。

予防拘禁の期間は一応、二年とされたが、非転向の場合などは、裁判所の決定をもってこれを更新できるとし、無期にわたる拘禁ができるようになった。こうした人権の圧殺の事実を、法務大臣は適法だったから良しといっているのだ。まさにファシスト法擁護の発言だ。

アメリカの「愛国者法」（二〇〇一～二〇一五）もまた、テロ関係者の疑いがある外国人を、司法手続きなしで七日間拘束できるとし、さらに実際は、その期間以上に長期勾留・予防拘禁した事例がある。また、テロ関連との理由から、個人のプライバシーに関する電話やメールなどの盗聴が裁判所の決定なしで行えるようになった。

共謀罪もまた「準備行為」の把握は、こうした捜査によってしかわからず、また、デッチ上げのためのストーリーを作ることも不可能だ。

さらに、この組織犯罪処罰法においても予防拘禁のような弾圧手法の検討もめざされてゆく可能性がある。例えば沖縄での山城博治さんへの五か月（二〇一六年一〇月～二〇一七年三月）にもおよぶ、不当勾留はその先取りだ。正当な抗議行動に対し、威力業務妨害、公務執行妨害、傷害の罪がつけられ、保釈に関しても、「事件関係者との面会を禁じる条件」が付けられている。これは保護観察と同じというべきだろう。

＊　この再犯防止の勾留延長は例えば、「勾留延長で社会復帰支援、検察が施行　高齢者らの再犯予防」（二〇一四年一二月一日、日本経済新聞）などとして、居住・就労支援のためだとして、本人や弁護人の同意（容疑者が送検容疑を認め、勾留一〇日間では支援ができないときを条件としている）が必要という条件で、すでに制度として始まっている。

●――転向・スパイ強要――仲間の売渡しを恫喝

また、共謀罪には「組織犯罪処罰法第六条の二」（新設）において「……その他の計画をした犯罪を実行するための準備行為が行われたときは、当該各号に定める刑に処する。ただし、実行に着手する前に自首した者は、その刑を減軽し、または免除する」と規定している。

まさに、文面それ自体を素直に読めば、転向強要・仲間に対する裏切り売渡しであり、また、権力によるでっち上げ弾圧の場合は、権力のスパイが、でっち上げのストーリーにあわせて、「準備行為」と判断できる行為を、でっち上げたい人にやらせるなどの、いろいろな事例が推測として考えられるだろう。

監視（――盗聴など）、自白強要、密告・通報（虚偽のものを含む）、でっち上げ弾圧の法規、それが共謀罪だ。

●――共謀罪の発動のストーリー――これとどう闘うか

ファシズムの立法は、だれに適用されても、民主主義に反し違法であり、違憲だ。これが、法のルールに関する民主主義の基本的な考えかたである。国会答弁で、野党は、「市民に対する不当・不法な監視」を問題にした。それはいい。だが、問題は、これまでみてきたように、法の執行そのものが憲法の民主主義的諸権利に対し、違法な手段を行使しているということであり、その段階で、まさに、弾圧の実行「準備段階」で、違憲であり、民主主義的諸権利に対する侵害を犯すもの以外ではない。だから、反対しなければならないのが、この共謀罪であり、まさにかかるファシズム立法にほかならない。

だから、誰に対しても、この法の運用は違憲・不当なのだ。

もっとも、「だから、右翼とも共闘しよう」などという主張には反対する（それは階級闘争として闘う態度ではない）が、国家権力の横暴には、反対の声をあげてゆくべきだ。

政治的運用としては左翼運動、反体制運動への弾圧法規であり、それを目的としている。人民抑圧の治安維持法型法制として、機能させるべく、設計されたものにほかならない。いずれにせよ、「誰に対しても行使するな！」という声をこそあげてゆくべきなのである。

第二部――階級支配と「帝国主義」の定義に関するノート

第一章——エコロジカルなマルクスのラジカリズムについて

資本主義批判と「赤と緑」の思想について

●——搾取の解明を基礎とした資本主義批判

カール・マルクスは一八一八年にドイツ・プロイセン王国に生まれ、一八八三年イギリスのロンドンで他界した。この期間は、まさにヨーロッパ階級闘争が、一八四八年における、フランスとドイツなどでの革命、一八七一年パリ・コミューン、一八八一年ナロードニキによるロシア皇帝（アレクサンドル二世）打倒の闘いを頂点に、高揚を極めた。この時代にあって、第一インターナショナルなどの労働者大衆の革命運動の組織化と並行し、勃興する資本主義に対する根底からの批判を探求したのがマルクスであった。

資本主義以前の社会は、経済外的強制としての収奪によって支配階級が人民を抑圧する社会だったことに対し、マルクスは、資本主義社会の支配階級＝ブルジョアジーが、労働者階級が生産した剰余価値を単に収奪ではなく、搾取という形で取得する特殊な様式を解明した。それが、例えば「資本論」第三巻の「三位一体的定式」として明らかにされているものである。

資本主義社会では商品（w）は、「労働生産過程」において「不変資本（生産手段）c＋可変資本（労働力）v＋剰余価値m（このv＋mは生きた労働vが生産した価値）」として「商品価値」を構成する。

この場合、剰余価値の産出は、自然に過剰なものが生み出されるのではなくマルクスの『経済学批判要綱』（グルントリッセ）に基づけば、「資本の労働に対する処分権」として組織されるものにほかならない。ここに「労働力の商品化」とは、「賃金奴隷制」だとマルクスが喝破した根拠がある。だが、この商品の価値構成は、「生産価格」＝費用価格k（c＋v）＋利潤（市場競争の結果としての平均利潤p）に転形する。これにより、労働力vは剰余価値（利潤部分）を生産しない単なる費用価格の一部と観念され、剰余価値の搾取は隠蔽される。

そして、ここから資本家と労働者の搾取に基づく階級対立は「資本―利子、土地―地代、労働―労賃＋企業者利得」＝商品所有者間の平等な分配システム（三位一体的定式）へと擬制化する。労働者の労賃は「労働報酬としての労賃」とされ、労働力商品の所有者が、労働市場で資本家にこれを売ったものの対価（だから費用価格の一部と観念される）として通常考えられるようになる。自由な商品交換の相互の主体として労働者と資本家は自由平等な市民社会を構成することになる。これをマルクスは「自由幻想」と呼んだ。

今日においても、「自由・平等」な社会という幻想性の下、富裕層・ブルジョアジーの労働者階級に対する搾取、収奪は、新自由主義の下で激化しており、非正規雇用などの貧富格差を前提とした資本の専制が広がっている。経営者による即時解雇、賃金未払、罰金、セクハラなど搾取と収奪が拡大している。批判の武器としての〈マルクス〉を復活させる必要があるだろう。

●——労働者階級の解放＝資本主義批判の土台としての〈労働者の政治的階級形成〉の提起

マルクスは労働者階級の解放の土台となるものとして、労働者階級の〈政治的階級形成〉の思想を提起した。それが例えばマルクスの労働組合論として表明されていることだ。

マルクスの労働組合論として「労働組合。その過去、現在、未来」という文章を見ていこう。この文章は、「個々の問題についての暫定中央委員会代議員への指示」というマルクスが、第一インターナショナルの第一回大会（一八六六年）の代議員に送った指示書中にある、一つの項目として書かれたものだ。マルクスの指示（全部で九項目）について、大会はそのうちの六項目を決議した。その決議された文書の一つが、この「労働組合」に関する指示だ。

この文章はイ～ロの三つの節にわかれている。イは労働組合の過去、ロは現在、ハは未来の順番だ。

マルクスはまず、「(イ) 過去」としては、労働組合の成り立ちを次のようにまとめている。そして資本家（経営者）と労働者の関係を次のように述べ、労働組合が、労働者階級の団結と、資本家の支配を廃止するための基本的な運動体だとその意義を強調している。

マルクスは「社会的な力」として資本家が「生産手段と労働手段を所有している」ことに対し、

労働者階級のもつ「社会的な力」は「人数」であると述べている。だが、社会的多数者の労働者は、労働者の間の労働市場（就活）における「避けられない競争」によって分断され、団結がすること が困難だった、とマルクスは言う。

そこからマルクスは、「労働組合」は、この競争を制御して「せめてたんなる奴隷よりはましな状態に労働者を引き上げるような契約条件をたたかいとろうという労働者の自然発生的な試みから生まれた」。だからそれは「賃金と労働時間の問題」を基礎として出発した。そして「労働組合のこのような活動は、正当であるばかりか、必要」でもあった、と展開する。

だが、それのみならず「労働組合は、みずからそれと自覚せずに、労働者階級の組織化の中心となってきた」、「賃労働と資本支配との制度そのものを廃止するための組織された道具としては、さらにいっそう重要である」ものとして、労働組合は存在していると、マルクスは労働組合の基本的な意義を表明している。

「(ロ) その現在」では、労働組合をもっての労働者の団結のための政治運動への関りについてのべている。

「労働組合は、資本に対する局地的な、当面の闘争（個別の労働案件での闘いのこと——引用者）にあまりにも没頭しきっていて（これは、労働者にとっては強いられたことであり、これをマルクスは批判しているのではない——引用者）、賃金奴隷制そのものに反対して行動する自分の力をまだ十分に理解していない。このため、労働組合は、一般的な社会運動や政治運動からあまりにも遠ざかっていた」。

「だが最近になって、労働組合は、自分の偉大な歴史的使命にいくらか目覚めつつあるように見える」


として、イギリスやアメリカ合衆国での労働組合の政治運動などへの取り組みの例をあげている。

これは、労働者が団結し、労働者階級そのものを「賃金奴隷」として支配するブルジョアジーの階級的利益（賃金奴隷制の上に成り立つ利益）を正当化し、推進し、ブルジョアジーの労働者階級に対する支配を実現している資本主義国家権力に対する闘いを労働者階級自身が組織すること、そうした動きを、もっと、加速すべきだというマルクスの主張として、言われていることだ。

「（ハ）その未来」。マルクスは、ここで、労働組合の歴史的使命を表明している。


「労働組合は、その当初の目的以外に、労働者階級の完全な解放という広大な目的のために、労働者階級の組織化の中心として意識的に行動することを学ばねばならない」。

「労働組合は、この方向をめざすあらゆる社会運動と政治運動を支援しなければならない。……労働組合の努力は狭い、利己的なものではけっしてなく、ふみにじられた幾百万の大衆の解放を目標とするものだということを、一般の世人に納得させねばならない」（マルクス・エンゲルス全集、第一六巻）。

この中で、マルクスが「経済運動」（個別の労働案件）とは区別して、「政治運動」というのは、例えば、次のようなことだ。「政治運動と経済運動の関連について（一八七一年一一月二三日付ボルテあての手紙）」（マルクス・エンゲルス著『労働組合論』国民文庫、大月書店、六四〜六五頁）では次のように述べられている。

「八時間制などの法律をもぎとろうとする運動は、政治運動である。そしてこのようにして、いたるところで労働者のばらばらの経済運動から政治運動が成長する。これはすなわち、普遍的な形、普遍的な社会的強制力をもつ形で、自己の利益を貫徹するための階級の運動である」。

「労働者階級が、その組織化の点でまだ支配階級の集合権力すなわち政治権力に決戦をくわだてるまですすんでいないところでは、とにかく、この権力に反対する不断の扇動と支配階級の政策にたいする敵対的な態度とによって、かれらを決戦へと訓練しなければならない。そうしなければ、彼らはいつまでも支配階級の」手の中にある、賃金奴隷であるとマルクスは説明している。

マルクスは、労働者が個々の職場でのみずからの生活と権利を守るための闘い（経済運動）を基礎としながら、〈労働者階級の階級としての〉普遍的な利益と、賃金奴隷制（賃金制度それ自体）からの解放をかちとるためには、労働者が一つの普遍的な〈政治的勢力〉として団結しブルジョアジーの国家権力と闘う必要があることを表明しているのである。

●──マルクスによる廃棄物問題の分析

同時にマルクスの資本主義批判は、彼の自然と、その一部たる人間に対する根源的な認識としての自然主義＝人間主義にうらうちされたものであった。マルクスは、「経済学・哲学草稿」では、「自然は人間の非有機的身体である」とのべているが、それは換言すれば、人間は自然生態系のなかで、自ら、一つの生態系を創造しつつ存在しているということである。このことを、マルクスは次のようにも展開している。

例えば、「資本論」（第三巻第五章第四節「生産の排泄物の節約」）に例を取るなら、そこでは、外部不経済といわれる産業廃棄物、公害問題と、その解決策に関する問題があつかわれている。

「資本主義的生産様式の発達につれて生産と消費との排泄物の利用範囲が拡張される。われわれが生産の排泄物というのは、工業や農業で出る廃物のことであり、消費の排泄物というのは、一部は人間の自然的物質代謝から出てくる排泄物のことであり、一部は消費対象が消費されたあとに残っているその形態のことである。生産の排泄物は……再び原料として鉄の生産にはいってゆく鉄屑などである。消費の排泄物は……農業にとって最も重要である」。

そしてマルクスは次のように批評する。

だが、「その使用に関しては、資本主義経済では莫大な浪費が行われる。たとえば、ロンドンでは、四、五〇〇、〇〇〇人の糞尿を処理するのに資本主義経済は、巨額の費用をかけてテムズ河を汚すためにそれを使うよりもましなことはできないのである」と。

そこからマルクスは、排泄物の「再利用」を次のように展開する。

「再利用の条件は、だいたい次のようなものである」として、大規模な作業で使用できるように、排泄物が大量であること、また、「そのままの形では従来は利用できなかった材料を機械の改良によって新たな生産に役立つような姿に変えること」また、「化学の進歩によって」廃物の有用な性質を発見することが必要だと論じている。

マルクスはそこで「たとえば、以前はほとんど役に立たなかったコールタールをアニリン染料すなわちアカネ染料（アリザリン）に」する技術が開発されていることなどに着目している。

マルクスがここで出しているアリザリンの事例であるが、一九世紀、これが発明されるまでは衣服を染色する染料は、自然物から抽出されていた。だから染料はかなり高価なものだった。これに対し、石炭から石炭ガスを生産するときの廃棄物であるコールタールを原料として染料を造ったのがウイリアム・パーキンだった。これにより染料を安価かつ大量に生産することができるようになり、大きな需要を創出した。様々の技術開発が媒介し一九世紀末から第一次大戦（一九一四年〜）にかけて、欧州は「ベルエポック」という経済的繁栄の時期を画したが、それは貧富格差を拡大する。さらに第一次大戦は長期化し膨大な戦費が短期間で消費される国家総力戦となった。結果、富裕層の資産も縮小し、労働者階級には戦争動員などでの死がまっていた。そうした体制的危機の中で、ロシア革命―ドイツ革命が勃発することとなった。

●――エントロピーの考え方を内包した緑への討究

だがさらにマルクスは、次のようにも述べている。

「このような生産の排泄物の再利用によるその節約とは区別しなければならないのは、廃物を出すことの節約、すなわち生産の排泄物を最小限度に減らすことであり、また、生産にはいってくるすべての原料や補助材料を最大限度まで直接に利用することである」。

マルクスは、そこで、「廃物の節約」の問題は、生産過程で生まれる廃物が一番重要な問題であり、機械・道具・原料の良否がその節約の限界を左右する、また、それは、農業においても同じだと展開している。こうしたマルクスの論点は、「エントロピー（廃熱・廃物）の増大」という問題にほかならない。熱力学第二法則（熱を仕事に変えるには、高熱源から低温部への熱の移動が必要だ。そしてどんなに理想的な熱機関でも、熱のすべてを仕事に変えることはできず、必ず無駄になる熱（廃熱）が出る）にもとづくエントロピー問題として、それはある。二一世紀現代における環境負荷、環境破壊の問題、とりわけ生態系を破壊するだけの放射性廃棄物と、フクシマ、チェルノブイリなどの大規模原発事故（現在進行形）の問題に直結する問題である。資本主義工業化社会からのパラダイム・チェンジをマルクスが自己の問題圏に収めていたことがわかるだろう。この観点はかつて、いいだももが、例えば『赤と緑――社会主義とエコロジズム』（緑風出版、一九八六年）第Ⅱ部第一章「現代的虚偽意識としての〈宇宙船地球号〉」等で表明していたものでもある。

●――共同体論と労農連携の視点

マルクスは、こうした資本主義近代にかわり、プロレタリアートの自己解放が実現して行く世界を、例えば「プロレタリアートの革命的独裁」と主張した。だが、その革命の形は、「ドイツ・イデオロギー」「フランスの内乱」「ゴータ綱領批判」などで内容的には多義にわたる。それらは一義一価的に定まった方針として示されたものではないし、またそれでいいと私としては考える。ここでは「共産党宣言・ロシア語第二版序文」でのマルクスの思考をとりあげてみよう。

マルクスはそこで、「もし、ロシア革命が西欧のプロレタリア革命に対する合図となって、両者が互いに補いあうなら、現在のロシアの土地共有制は共産主義的発展の出発点となることができる」（この主張はマルクス死後、エンゲルスによっては否定された）と記している。

実はこれにはさまざまな読み方がある。ここでは所有論から考えることにしよう。その場合この文章のポイントは、土地共有制（ミール農耕共同体などのこと）それ自体には実はない。「両者が互いに補いあう」というところこそ、ポイントだと考える。所有論として言うなら、プロレタリア革命によって、形成されるコミューンに基づく共同体が「生産手段の共同体所有と個的占有」（これが全面的国有化か、社会主義市場経済にもとづく生産共同体社会かは、今は問わないものとする）としてあり、また、ミール共同体も、「土地の共同体所有と個的占有（この場合は、これはロシアでの『土地は誰のものでもない』という価値観にもとづくものだが、土地割替制度とそのもとでの『耕作者』の占有権）」として、所有形態的には、同一ベクトルの位相にあるということだ。だからプロレタリア革命の一つの拠点との位置づけが与えられた場合は、共産主義的共同体の一つの萌芽形態になる可能性があるということだ。

イギリスに典型化される西欧のような工業化による資本の本源的蓄積として、全面的な農耕共同体の解体＝プロレタリアートという、こう言ってよければ「土地なき農民」のイギリス的な産出ではなく、ロシアは西欧諸国の農業・自然資源の供給国であり、資本の本源的蓄積が西欧のようには進まない農業国だったために、土地共同体は解体を逃れ、また、ナロードニキの反地主闘争の組織化によって、ロシア革命まで保持されていた。このような特殊性をもった問題であるが、農民闘争が、都市プロレタリアの革命運動と連携することで、一つの歴史を描き出すような闘いを実現し、またそこで、民衆の闘う共同性を作り出してゆくことは、戦後日本においても、三里塚闘争が示してきたことだろう。マルクスの労農連携の構想は、人民のラジカルな共同性を実践的に試行してゆくうえで、今後も大きな示唆を社会変革を願う人々に与え続けてゆくに違いない。

（マルクスからの引用文は、マルクス・エンゲルス全集より）

（初出：『テオリア』第六九号（研究所テオリアの新聞）、二〇一八年六月一〇日号、第五～四面。「マルクス生誕二〇〇年――エコロジカルなマルクスのラジカリズム」に修正加筆）

第二章――資本主義国家批判の方法について

レーニン『国家と革命』の問題点と資本主義権力論

実質賃金の低下、非正規雇用の拡大、残業代ゼロ支配（労働時間で労働を区切らず、企業のいいように労働者を支配従属させることにつながる）、社会保障費の減額、消費税率アップ、企業優遇税制など、新自由主義政策が拡大する現代社会。これからの経済社会矛盾が、政治危機に転化するのを恐れた政府・支配階級は、中国との国境危機をあおりながら、秘密保護法制定、集団的自衛権の法制化など一連の戦争国家化に突き進んでいる。

こうした国家の右傾化・ファシズム化を如何にとらえてゆくか。その前提となるものは、単に政治過程を分析することにとどまらず、資本主義国家をどのようなものとして把握するかという前提での検証が、重要である。

●――〈収奪に基づく国家〉と〈搾取に基づく国家〉との違い

マルクス主義国家論の領域においては、かねてから、国家論の基本をなす論述として、マルクス・

エンゲルスの国家に関する学説を、よくまとめたものとして、レーニン『国家と革命』が、とりあげられてきた。

だが、そのレーニン国家論の研究は、同時に、その不十分さの指摘をも生産することになり、戦後日本における、スターリン主義批判やロシア・マルクス主義の国家論に対する検討において、宇野弘蔵、三浦つとむ、埴谷雄高、梅本克己、吉本隆明、いいだもも、廣松渉、滝村隆一（保守論客であった竹村健一ではない）などのイデオローグや社会批評家たちによって、レーニン国家論の不十分性を補い、また、マルクス主義国家論を発展させてゆく、試みがなされてきたのであった。

ここでは、それらをふまえつつ、本論における論述を始めてゆくしだいである。

レーニンの『国家と革命』は、「国家論」として論ずるべき論述方法としては、レーニンが読むことができた限りでのマルクスとエンゲルスの原典との格闘をふまえたものとなっているが、サブタイトルに「マルクス主義の国家学説と、革命におけるプロレタリアートの任務」とあるように、情勢的には一九一七年の一〇月蜂起の時期に書かれたものであり、ボリシェビキ全党と彼らの民兵組織、労働者政治部隊であった「赤衛隊」を、武装蜂起に向けて意志統一し、右派エスエルとメンシェビキの民主主義秩序派路線では、革命を最後まで貫徹することができないという党派闘争の意思統一を内容とするものであった。まさに武装蜂起と暴力革命の必然性を、共産主義社会の建設という革命運動の目的をも鮮明に提起しつつ、意志統一したものだった。だが、そこには、これからみるように、きわめて大きな空洞が生じることになっているのである。つまり、これを、マルクス主義国家論の一般理論として読んだ場合、マルクス主義国家論について、きわめて一面的な理解となる以外ではない、ということだ。

端的に言って、第一に、国家暴力論が、ゴジラ化（極度に強調され中心命題化）されている。また、第二に、資本主義国家の階級的特性と、それまでの階級国家との、かなり決定的に相違した構造が把握できていない、という以外ないものにほかならないのだ。

そもそもレーニンの『国家と革命』は、ロシア革命という「蜂起—プロレタリア独裁樹立」のための闘争の理論的意志統一の内容をもつものだから、むしろ、こういってよければ、それは、そのようにしか、書けなかった側面もある。

また、レーニンの生きた時代は、マルクス国家論の中心的論考となる『ドイツ・イデオロギー』も、まだ発見されていなかった時代的制約もあり、また『経済学・哲学草稿』なども知られていなかったころのことだ。

こうした、実践的・イデオロギー的な制約において、『国家と革命』は、マルクス主義国家論の全体像としては、これから見るように、きわめて、過程的・途上的・部分的なものであるということができる。

まず、ひとつ問題点を、あげることからスタートしよう。

（一）レーニンの国家論における「階級支配」の定義について。資本主義の「階級支配」（搾取中心）とそれ以前の社会の階級支配（収奪）の区別がない。

（二）それは、〈収奪〉が、経済外的強制にもとづくものであるのに対して、〈搾取〉が、労働力の商品化に基づき、流通過程が生産過程をとりこんで自律的に経済循環を行う、経済外的強制なしの社会＝資本主義社会でのものであるという、根本的な違いを捨象するものである。

（三）この場合、何が問題となるかというと、収奪を基本とした社会と、搾取を基本とした社会では、階級支配の政治的社会的構成が、明確に異なる点である。

（四）収奪をこととした前資本主義の諸社会では、支配階級＝国家権力であった。これに対し、資本主義では国家権力―市民社会という構成のもとで、資本家（階級）は、ブルジョア民主主義政治秩序を媒介に階級支配を貫徹する。その場合の機制は、資本―利子、土地―地代、労働―企業者利得と賃金の三位一体的な構成の下、諸個人は自由な商品所有者の交換関係として、その役割を担い、階級関係はかかる三位一体的な「自由幻想」（マルクス）の下に、隠蔽される。この自由な商品所有者の交換関係という階級関係の隠ぺいを通して、個人にとって自由平等なブルジョア民主主義が成立する。人々は市民社会の市民として「平等」な個人として存在する。この個人主義の経済的政治的破産が起こされたときは、国家有機体論にもとづく社会実在論的な全体主義に転化する。この場合、共同幻想は前者の場合は「民主主義国家（の公共的秩序）」であり、また後者では、日本では、「皇室を宗家とした家族国家（天皇の赤子論）」を土台とする「八紘一宇」の世界を建設するなどの天皇中心主義などといわれたものに他ならない。

（国家共同幻想は、国家暴力の正当化の論理として登場するのであり、これら「幻想」と「暴力」の二つを実体化させて、対立させるようなものではない。だが、「幻想」か「暴力」か、どちらが「本質か」という問題は、とくに問題ではない。現実の中では、国家とは、治安維持法との闘いと八紘一宇との闘いが帝国主義権力との闘いでは、一体でしかないように、また、秘密法と「自由と民主主義」という共同幻想との闘いが一体でしかないように、それは、現実問題としてはすでに、解消される問題である。だから、この場合は、〈国家共同幻想論者が、「国家暴力」に対して、これを過小評価することに対する闘い〉ということだけが、課題となるだろう)。

問題なのは、次の点にある。

(五)レーニンの国家論での、「階級支配」の定義は、資本主義以前と資本主義成立以後の(四)で見たような根本的な違いを区別しているとはいえず、また、レーニンが、エンゲルスの『家族・私有財産および国家の起源』などでの「第三権力論」で、その「階級支配」(国家)に関する解説をなしているがゆえに、歴史貫通的な俗流的政治支配の形態論的な規定に陥没していることにこそある。ここに、エンゲルス・レーニン・スターリンと連なる「唯物史観主義」(形態論的なタダモノ史観)が横たわっており、そこでは、資本主義国家権力の独自の構成的特徴が、まったく不十分にしか説明できないということになっているのである。それでは、一体何と如何に闘うのかということが措定できなくなるのである。

●——階級支配分析の方法をめぐる問題

誤解のないように確認するが、本論はメンシェビキ主義(近代民主主義)の立場からのレーニン批判ではない。革命的マルクス主義の立場からの批判である。この点を前提として、本章ではレーニンの言説と対話する。

【二】レーニンは『国家と革命』「第一章　階級社会と国家」で、つぎのように、問題意識をのべている。

レーニンは、国家は「階級対立の非和解性の産物」であり、「階級対立が和解させることができないところに、その限りで、発生する。逆にまた国家は、階級対立が和解できないものであることを証明している」（以下、レーニンからの引用はレーニン全集第二五巻、原書頁で三五七頁以降より）と論じている。

「マルクスによれば、国家は階級支配の機関であり、一階級が他の階級を抑圧する機関であり、階級の衝突を緩和させながら、この抑圧を法律化し強固なものにする『秩序』を創出することである。小ブルジョア政治家の意見によれば、秩序とは、ほかならぬ階級の和解であって、一階級が他の階級を抑圧することではなく、また衝突を緩和させることは和解させることであって、抑圧者をうち倒すための一定の闘争手段と闘争方法とを被抑圧階級からうばいとることではないのである」。

そして、「たとえば、一九一七年の革命で、国家の役割と意義の問題が全貌をあらわすと、すなわち、それが即時の行動、しかもそれが大衆的な規模での行動の問題として実践的に現われると、エスエル（社会革命党）とメンシェビキはみな、『国家』は階級を『和解』させるという小ブルジョア理論へ、たちまち完全に転落してしまった」と論じ、階級対立の非和解性としての国家からの被抑圧階級の解放のためには、「暴力革命なしには不可能であるばかりでなく、さらに、支配階級によってつくりだされ、この『疎外』を体現している国家権力機関を破壊することなしには不可能であるということが、それである」としている。

つまり、一九一七年ロシア革命は、革命の前に立ちはだかる国家権力を打倒し、ソビエト運動として国家権力と二重権力状態を形成している革命派が権力を武装蜂起によって奪取する以外、革命権力を樹立して勝利することはできない、というレーニンのボリシェビキ革命勢力に対する意思統一の内容がはっきりと表明されているものにほかならない。

この場合、このレーニンの「階級対立の非和解性の産物としての国家」という規定自体は、マルクスの国家論としては、その一つのポイントをなすものといえる。レーニンの意図としては「普通選挙権」を「ブルジョアジーの支配の道具」とエンゲルスを援用して批判し、「常備軍と警察」を中心とする国家の暴力装置」「武装した人間の特殊な部隊」としての国家のゲバルト装置に対する闘いの意志統一を目的にしたものであった。

だがこうした「国家暴力」論のみでは、資本主義的搾取に基づく資本主義国家の特徴的構成は不十分にしか把握できない。また、これから見るように、以下のようなエンゲルスからの引用内容で説明をなそうとしたことによって、その不十分さを決定づけることになったのである。

【二】 レーニンは「国家＝階級支配の機関」を論証するためにエンゲルスの『家族・私有財産および国家の起源』から、例えば次のような個所を引用している。

「相争う経済的利害をもつ諸階級が無益な闘争のうちに自分自身と社会を滅ぼさないためには、外見的にはこの衝突のうえに立ってこの衝突を緩和し、それを『秩序』の枠内にたもつべき権力が必要となった。そして、社会から生まれながら社会の上にたち、社会に対してますます外的なものとなっていくこの権力が国家である」。

それは、〈階級対立を統御する政治委員会〉としての統治機構の歴史貫通的な一般論としての定義が与えられていること以外ではない。

また、エンゲルスの『反デューリング論』から、次のように引用している。

「階級対立のうちに運動してきたこれまでの社会には、国家が必要であった。言いかえれば、そのときどきの搾取階級（この定義が、間違っている――引用者）が自分たちの外的な生産諸条件を維持するため、したがって、とりわけ現在の生産様式によってきめられている抑圧条件（奴隷制、農奴制あるいは隷農制、賃労働）のもとに被搾取階級を暴力的におさえつけておくための組織が必要であった。しかし、国家がこうしたものであったのは、それがそれぞれの時代にみずから全社会を代表していた階級の国家――古代では奴隷所有市民の、中世では封建貴族の、現代ではブルジョアジーの国家――であったにすぎなかった。それはついに実際に全社会の代表者になることによって、自分自身をよけいなものにする」。

エンゲルスの論述はここから国家の死滅へと至るという舞台回しとなり、「自由な人民国家」の形容矛盾（自由と国家との矛盾）を批判することになるわけだが、このような国家に関する論述を、レーニンは、「被抑圧階級を搾取する機関としての国家」の死滅の規定としてもちいているのである。

これらにおいてわかることは、収奪に基づく国家（支配階級＝国家権力）と、搾取にもとづく国家（個人は自由平等の仮象の下に市民社会を構成し、資本家階級は議会制度をはじめとした民主主義政治秩序を媒介に階級支配を展開する）での支配の区別が、全くないものとなっているということだ。そして、「国家暴力」を、それぞれの時代の支配階級が握ることで、階級国家を成してきたという説明が、なされているということである。

これは歴史汎通的な国家なるものの一般的な形が形態論的に描写されているにすぎないものにほかならない。これでは、歴史的諸社会における国家の特質が、一般的な生産手段所有者の政治支配として直接的に規定されるだけであり、それらの各々の特質的構成は抽象化されるという論法に、それはほかならない。

【三】つまり、エンゲルス・レーニンの以上のような論述は、〈政治革命〉の必要性から言われるものとしては、一九一七〜一八年においては、「国家暴力」の論証としてはクリアーしたわけだが、〈社会革命〉を射程として、資本主義国家の搾取に基づく基本構造を、その社会的基軸性を中心に解明することにおいてはこの規定では、まったく不十分なのである。レーニンのエンゲルスからの引用による定義では、資本主義的搾取に基づく国家の構造的特徴を内容上の対象とするものではなく、国家（階級支配）のありようを歴史汎通的な国家権力の一般的一面的な位置づけの規定に、抽象するものにすぎないのだ。

●——資本主義国家における階級性の解明としての経済学

【一】ここで、収奪と搾取との区別の問題が登場するのである。

宇野弘蔵は次のように述べている。

「資本主義に先立つ諸社会もその範囲は種々異なるにしても、社会生活をなすのであって、その社会的経済生活は……何等かの社会的規制を要するのであるが、それは何らかの宗教的な、慣習的な、権力的な、あるいは政治的な制度をもってなされたのであった。いいかえれば経済原則（社会的再生産のシステムのこと——引用者）は純経済的な方法をもってではなく、多かれ少なかれ付随的な要因を加えられた方法によって遵守されてきたのである。商品経済はその点では全く異なっている」（『経済学方法論』、東京大学出版会、六〜七頁）。

「資本主義社会は商品経済を根底とし、それを全面的に展開するものとして、歴史的に一社会をなすのであるが、それは封建社会と異なって直接的な支配服従関係を原理とする階級社会ではない。表面的には、商品交換という、自由と平等を本性とする社会関係を基礎とするものである。しかしそれは……労働力自身を商品化する資本主義社会としてはじめて歴史的に一社会をなすのであって、旧来の階級的社会関係をもこの形態のうちに解消して、いわゆる近代化を実現し、その階級性は、商品形態に完全に隠蔽されることになる。科学としての（この「科学としての」という表現には、引用者は違和感をもっているが――引用者）経済学が初めてそれを暴露するのである」（『経済原論』、岩波全書、初版一九六四年、二二二～二二三頁）。

そこで、その前資本主義社会との構造的な相違として、前資本主義社会における「収奪」と、資本主義的搾取の相違という話になる。

【二】収奪にもとづく社会・国家では、経済外的強制が支配している。それは、封建的土地所有者が直接生産者である農民から地代を徴収するために組織していた強制力として形成していたものだ。領主のもつ武力と裁判権を基軸とした身分的支配と、土地への農民の緊縛（移動・移住の自由がないか、もしくは制限されているという意味）などを通じて展開した社会制度だった。

【三】それに対して、搾取にもとづく社会・国家とは、労働力の商品化にもとづき、労働・生産過程（価値形成・増殖過程）における資本の労働に対する処分権の発動をつうじて、労働者の「必要労働」（賃金分の価値に対妥当する時間労働）に対する「剰余労働」（剰余価値の産出として消費される時間労働）の率を高めることを、つまり搾取率・剰余価値率を高めることを土台に、最終的には利潤率を上昇させることをもって成立する搾取の機制に基づく社会だということである。

以下は、資本家階級と労働者階級の階級対立が、どのように非和解性があるものとしてつくられているのか、その基礎にある〈機制〉の分析であり、マルクスの『資本論』や宇野弘蔵の『経済原論』などで論じられている内容ということになる。

資本家的商品経済社会の労働生産過程（価値形成・増殖過程）においては、商品価値w＝不変資本（生産手段）C＋可変資本（労働力）v＋剰余価値mという構成があたえられる。この場合、ポイントは、〈v＋mは生きた労働vが生産した価値〉だということである。労働力が可変資本というのは、剰余価値mの生産というように、価値を増殖させるからだ。生産手段が「不変資本」なのは、価値を増殖するのではなく不変のままで生産物に価値を移転するから。

ここで注意を要するのは、「必要労働時間」と「剰余労働時間」という時間が区切られてあるわけではないということだ。生産過程では、労働力は「新たな価値を形成する」（新たな商品生産をなす）が、「剰余価値は、労働力の買い入れに支払われた価値とこの新たなる価値との差額に他ならない。とくに剰余価値として生産されるわけではない」（宇野弘蔵『経済原論』、六六頁）ということだ。

また利潤の取得だが、例えば「最大限利潤の法則」といわれるもので「最大限の利潤」なるものを得るというようには、資本家は利潤を得るということにはならず、市場の競争を通じて形成された〈平均利潤率〉（による市場生産価格（費用価格＋平均利潤）の形成）に基づき、市場を媒介に、より生産性の高い企業に、剰余価値がより多く分配されていくことをとおした利潤の配分が展開することになる。

ここで、〈商品価値〉は、〈生産価格〉に転形する。
（A）労働生産過程（＝価値形成・増殖過程）で展開していた、〈商品価値〉W＝不変資本（生産手段）C＋可変資本（労働力）V＋剰余価値m（このv＋mが、生きた労働vが生産した価値）は、
（B）〈生産価格〉＝費用価格K（C＋V）＋平均利潤Pとなる。この場合、剰余価値を生み出したVは、剰余価値を生み出さない（＝価値を増殖しない）不変量としての費用価格の一部と規定される。そしてv＋mから分離した剰余価値mが、平均利潤Pになる。
ポイントは、労働力商品のコストがまさに文字通り〈投下資本としてのみ〉の位置づけを与えられ費用価格とされることで、それ自体、利潤（――剰余価値）を生み出さないものとして扱われ、労働力の剰余価値を生産する可変資本としての性格が完全に隠蔽されることだ。このことを通じて剰余労働の搾取・生産ということが隠蔽されるのである。

この場合、利潤率の機制がはたらく。剰余価値mは資本家の立場から見れば総資本（投下資本総額C＋V）の増加分である。だから、総資本に対する増加分の値が利潤率として定立する。つまり利潤率は「剰余価値m／総資本（C＋V）」である。これにより、増加分の利潤率での計算は、剰余価値（m）が労働力（V）によって増加（剰余労働）分として産出されていることを隠ぺいし、総資本（C＋V）にプラスして与えられたということになるのである。

またさらに、このような生産価格による販売の結果をつうじて、市場の需給関係の諸結果にもとづいた、各々の労働実態への労働力と生産手段の市場をつうじた比例的配分が実現されてゆくこと

になる。

また、そのような社会では、労働力商品の担い手である労働者は、資本家から身分的関係としては自由であり、自由・平等な「市民」となっている。

＊ これらが、『資本論』の第一巻と第三巻でのべられている搾取論についての概要だが、こうした機制が、具体的にどのように、価値を配分するかは、資本論第二巻で展開された社会的再生産による社会形成のモデルをとおして把握する必要があるが、本論では、これ以上、複雑にするのは論旨に反すると考え、省略する。

【四】 宇野は述べている。

「中世的な農民のように領主に対して直接的な支配従属関係にあるものにあっては、その労働力を自由に商品として販売するというわけにはいかない。かくて資本の産業資本的形式は、一方で、貨幣財産の蓄積と、他方でマルクスのいわゆる二重の意味で自由なる、すなわち支配従属関係から自由であると同時に、自己の労働の実現のために必要な生産手段をもたないという意味で、それからも自由な、いわゆる近代的無産労働者の大量的産出によって初めて可能なことになる。後者は、いわゆる資本の原始的蓄積の過程として、……領主と農民との支配従属関係が一般的に破壊され、近代的国民国家に統一される過程の内に実現されたのであった」(『経済原論』、四三〜四四頁)。

以上のことを、簡単に言うなら、収奪に基づく社会とは、階級関係が露出し、それが王様の権威その他での身分社会が、むしろ正当化されている社会。

これに対し、搾取に基づく社会は、商品経済社会の商品所有者の交換関係（労働力商品の所有者としての労働者と、生産手段の商品所有者としての資本家との契約などという関係、etc）に階級関係が隠蔽され、諸個人は、自由平等な「市民」となっている。つまり階級関係が隠蔽されている社会に他ならない。

「格差社会」もそれは「貧富格差」とのみいわれ、それが階級的搾取の徹底化を目的とした資本家階級の新自由主義的方針だということは隠蔽され、景気循環の問題にされて、例えば「不況からの脱却を」などという問題に一面化・矮小化されている。

こうして、前資本主義と資本主義とは、おなじ階級社会・階級国家といっても、その構造は、全く違うものであり、そこにおける、社会革命の課題も、こうした構造を対象化してはじめて、明確になるということにほかならない。

（なお、「価値論」でのこれ以上、詳細な解明は、拙著では『アウトノミーのマルクス主義へ』（社会評論社）の第二部第一章「資本の専制」、第二部第二章「資本の物象化とブルジョア・アトミズムの形成──三位一体的範式による階級関係の隠蔽」を参照されたい。）

●――国家意志論の課題

【二】以上からレーニンの〈支配階級＝支配的所有階級＝国家権力〉としての国家権力論では、近代国家の機能が総合的に分析できないことがわかるだろう。結局、「国家暴力」論の一面的強調は、暴力的権力機構（Organ, Gewalt）と経済的下部構造のヘゲモニーである支配階級の政治的社会的決定との〈直接的〉な関係として国家を見るという事でしかない。それは、重層的でない〈一元的〉な決定としての、経済的下部構造決定論（経済構造が、国家の絶対的な方向性を決定し、作り出しているという見解）の一つの形をなすものということができるだろう。

そこでは、端的に言って、国家暴力論の一面的強調の要因として、「国家意志論」が抜け落ちているという問題が存在するのである。

この意志論に着目した論者に三浦つとむ（一九一一〜八九年）がいる。言語学者でありマルクス主義哲学者であった三浦は、「国家意志説」を唱えた。

「レーニンの国家論は、国家を『一階級の他の階級に対する支配を維持するための機構』と見る、国家機構説であった。講義『国家について』（一九一九年）にいわく。……『統治だけを仕事とし、統治のために特殊な強制機関、他人の意志を暴力に服従させるための機関―監獄、特殊な人間部隊、軍隊、その他―を必要とする特殊な人間集団が出現するときに、国家は出現するのである。』

これはレーニンにおける俗流唯物論ののこりかすを意味している。国家は『他人の意志を暴力に服従させる』のではない。他人の意志を国家意志に服従させこの服従を拒否する場合暴力で国家意志を強制するのである。国家意志は、特定の行動に出た場合あるいは怠った場合に、死刑や懲役や禁錮など暴力の使用が行なわれるむね規定している。国家としてもっとも望ましいのは暴力を使用することなしに統治が行なわれることであり、人びとが自ら進んで国家意志に服従することである。その望ましい状態をつくり出そうと、国家はイデオロギー教育を積極的に押しすすめる。天皇制のイデオロギー教育は徹底的に行なわれ、天皇のために御国のためによろこんで命を捧げようという忠君愛国の人びとが、侵略戦争に武勇を発揮した。官許マルクス主義（ロシア・マルクス主義のこと――引用者・渋谷）の国家論では、この天皇制のイデオロギー的な側面を解明できなかった。そしてそのことは、『イデオロギー的な権力』（ideorogische macht）が『国家意志』（Staatswillen）によって支配を行っているという、官許マルクス主義の無視しているマルクス＝エンゲルスの指摘に心ある人びとを注目させることとなった」（三浦つとむ『マルクス主義の復原』、初版一九六九年、勁草書房、一四二〜一四三頁）。

ここから三浦は、マルクスと初期エンゲルスの『ドイツ・イデオロギー』の「聖マックス」の項から、次のような引用をするのである。

「『彼らの人格的権力（persönliche Macht）は、多数の人びとにとって共同的なものとして発展するところの生活諸条件にもとづいており、彼らは、それらのものの存続を支配者として他人に対して主張すると同時に、また万人にとっても通用するものとして主張しなければならない。彼らの共同利害によって制約された意志（gemeinschaftlichen Interessen bedingten Willens）の表現こそ、法律である』」。

「官許マルクス主義は……国家意志の表現である法律の機能のほうを暴力的な機関に解消させてしまう。権力が人間の人間に対する指導ないし支配として存在するときは、経済的権力であろうと政治的権力であろうと意志に対する他の意志の働きかけが存在するのであるから、権力論は意志論を不可分のものとしてその中にふくんでいる。しかも権力は社会的な性格を持つのであって、その権力の意志も単なる個人の意志ではなく、多かれ少なかれ各個意志の合成として存在する。国王の意志も周囲の家臣たちの意志に規定され、家臣の意志はまた経済的権力を支配する者の意志に規定されるのである。官許マルクス主義には意志論がないから、権力論を展開することもできない」（前掲、一四三～一四五頁）。

【二】こうした「国家意志論」は、滝村隆一によって、さらに権力論との関係で、概念的に整理されていった。

それが、「社会的権力（soziale macht）」の三規定（Kräft, Macht, Gewalt）である。ここでは概念規定だけをおさえることにする。

「社会的諸力としての生産力や、その構成要素としての生産手段、労働力、あるいはMachtとして組織され結集されていない即自的な状態におかれた人間集団、さらに自然の諸力などといった物理的に作用する諸力は、すべてKräftなのであり、これらの諸力が、意志関係の創造を媒介にして、諸個人との有機的な関連において組織され構成され、社会的な力として（対自的な力として）押し出されたとき、Machtと呼ばれるのである（補注Ⅰ）。それゆえ社会におけるMacht（……）は、諸個人（集団）の共同利害に基礎づけられて生み出された共通の意志が、対象化された一般的・普遍的な意志として成立し、各人は自己の意志をこれに服従させるという意志の支配＝服従の関係を本質としている。これに対してGewaltは……人間が創り出した社会的諸力であれ、雷などの自然諸力であれ、人間に対して暴力あるいは強力として作用する状態におかれたすべての諸力（Kräft）を指している」。

この文章中、「補注Ⅰ」として書かれたものでは、次のように、Machtを定義している。

「〈権力〉Machtとは、諸個人が〈生活の生産〉において直接・間接にとり結んだ関係を基礎にしてつくりだされた・規範としての〈共通意志〉による支配＝服従関係を本質とした・〈支配力〉に他ならない」（滝村隆一『増補・マルクス主義国家論』、三一書房、初版一九七四年、二一六〜二一八頁）。

これがMachtとGewaltの、滝村がしめす定義づけということになる。

滝村は、この国家意志論を一つのベースにしつつ、「狭義の国家」と「広義の国家」、「共同体―内―国家」（共同体―内―社会分業）と「共同体―即―国家」（共同体―間―社会分業）という、国家の発生と構成に関わる論理を作り上げていった。

●――「共同体―内―国家」（狭義の国家）と「共同体―即―国家」（広義の国家）――ロシア・マルクス主義における「狭義の国家」論への一面化

【一】滝村は次のように展開する。

まず、「狭義の国家」「共同体―内―国家」の規定から見てゆこう。

「マルクス＝エンゲルスは、〈国家〉を原理的＝方法的に二つのレベルから捉えている。一つは〈国家〉を当該〈社会構成体〉として、もう少し精確にいえば、一定の〈社会構成体〉内部において、〈国家意志〉を基軸として展開された政治的支配＝被支配関係のなかで、構造的に位置づけられた〈政治的＝イデオロギー的権力〉としての〈第三権力〉を、〈共同体〉内〈国家権力〉として実体的に把握するもので、私はかく規定された〈国家〉を、〈狭義の国家〉ないし〈国家権力〉と規定した。それ故、〈狭義の国家〉とか〈国家権力〉という捉え方は、〈共同体―内―国家〉という原理的＝方法的な発想に他ならないといえる」（前掲、二一二～二一三頁）。

これが滝村による「狭義の国家」の規定である。

この場合、「国家権力」を「第三権力」というのは、「国家とは、この相対抗する経済的利害をもつ二つの階級相互間の、不断の公然たる闘争によって、彼ら自身と社会を滅ぼしてしまわないために、外見上相抗争する二つの階級の Macht のうえに立って、彼らの公然たる衝突を抑圧し、緩和して階級闘争をせいぜい〈経済的〉な分野で闘わせ、それを一定の「秩序」のわくのなかに保つべき使命をもった第三の Macht（第三の権力）として現出してくるのである」（前掲、六三頁）という規定として概念化されるものであり、要するに、〈共同幻想としての国家権力〉という意味である。滝村も、それを「第三の Macht による二つの相抗争する階級の soziale Macht に対する支配と統制と、社会全体の共同利害の幻想的な形態（一口でいえば幻想上の共同社会性）としての〈公的イデオロギー〉すなわち〈国家意志〉への服従と従属を要求した……ものであって、この意味で〈第三権力〉としての国家権力は〈イデオロギー的権力〉と呼ばれるのである」と明記している（前掲、六四頁）。

また、それらは、階級支配のための共同幻想的形態である以上、「一般に国家的支配は、その階級性の故に当然にも（国家としての）強力の発動を不可避とするから、国家権力のなかでも国家的支配のための中核でありその集中的表現でもある行政権力、政府権力を、武装した人間集団（警察や軍隊等のこと——引用者）との媒介関係において何よりも Gewalt として捉えることがこの意味で本質的には正しいのである」（前掲、一〇九頁）と規定されるものである。

【二】これに対し、「広義の国家」「共同体―即―国家」の規定がある。

「いま一つの原理的＝方法的視座は、当該〈社会構成体〉の〈政治的〉側面、すなわち〈政治的構成体〉の側面を、他ならぬ〈国家〉として把握する発想である。別言すれば、〈国家〉を〈政治的〉諸関係の総体として、すなわち〈国家意志〉を基軸とした政治的支配＝被支配関係を一つの有機的な〈体制〉とりもなおさず gemeinschaftlich に構成された幻想的な〈体制〉、つまり〈政治的共同体〉として把握するもので、私はかく規定された〈国家〉を〈広義の国家〉ないし〈国家〉と規定したと展開する。

そこで滝村はマルクス・エンゲルスの『ドイツ・イデオロギー』から、その国家の概念内容を次のように、援用している。

「国家は、支配階級の諸個人が彼らの共同利害を主張する形態、そして一時代の市民社会全体が総括され（zusammenfasste）ている形態である」と。

このような「広義の国家」とは、「かかる内的規定性ばかりか、対外的な政治的諸関係にも媒的に規定された、つまり内的・外的な規定性を内に孕んだ、より高次な相対的な概念といえる。それ故、〈広義の国家〉とか〈国家〉という捉え方は、何よりも〈国家〉としての〈共同体〉、すなわち〈共同体―即―国家〉という原理的＝方法的発想を提起するものに他ならない」のであるという。

ここでのポイントは、〈狭義の国家〉が、「国家―市民社会」構成において、市民社会と二重に重なった位相で、市民社会に対しているのに対し、広義の国家が、狭義の国家と市民社会の二重になった構成それ自体を、包み込むように存在しているということである。

滝村は述べている。

「〈広義の国家〉という場合の対象は、先に国家（狭義の国家）と市民社会との統一と言い表したように、すべての Macht が有機的な脈絡をもって一つの全体的な連関において想定されている」（前掲、一二二頁）。

「国家権力は市民社会からますます疎外されてより強力かつ強大な Gewalt として浮き上がっていく一方、市民社会の諸権力をつぎつぎに自己の体系の中に包摂して巨大な機構をつくりだし……核心的なモメントを構成するようになる。それゆえ〈広義の国家〉は、近代においてとくに、経済的に支配する階級が全人民を支配し抑圧しておくための、国家権力よりもはるかに強大かつ強力な階級支配のための一大 Maschine（Werkzeug）となってたちあらわれてくる」（前掲、一二二頁）

という規定がそれだ。

このような、狭義と広義の二重の構造において、国家は展開しているのである。

【三】この二重の国家の構成の問題は、「共同体」における社会分業のあり方の問題としておさえておかねばならない。

滝村はそれを「〈共同体─内─国家〉生成に対する〈共同体─即─国家〉生成の先行性が、他ならぬ〈共同体─内─社会分業〉に対する〈共同体─間─社会分業〉発生・展開の歴史的＝論理的な先行性によって、基礎づけられているてんである」（前掲、二四五～二四六頁）と総括する。

「社会的分業論のレベルから見れば」、共同体内国家は、共同体内社会分業に対応し、共同体即国家は共同体間社会分業に対応していると滝村は言う。

「〈共同体─即─国家〉という歴史的＝社会的事象は、共同体（種族）の閉鎖的な独立性と、他共同体（種族）との敵対的な関係性（交通関係）によって根底的に媒介されているが、共同体（種族）のかかる独立性と敵対性は、何よりも〈共同体─間─社会分業〉の〈実存〉形態として、換言すれば文化的な発展段階と様式（つまり宗教的・政治的・社会的・経済的な発展段階と様式）を異にする個々の共同体（種族）の〈実存〉形態として、理解されねばなるまい。つまり、〈共同体─即─国家〉生成の問題は、社会的分業論の見地からいえば、〈共同体（種族）─間─社会分業〉発生の問題として、把握されるべきなのである。……もとより歴史的に言っても、〈共同体─内─社会分業〉に対する〈共同体（種族）─間─社会分業〉発生・展開の先行性については、例えばエンゲルスの『牧畜種族が残りの未開人大衆から分離した。これがすなわち、最初の大きな社会的分業である』（『起源』）（『家族・私有財産および国家の起源』のこと──引用者・渋谷）という有名な指摘もあるごとく、疑う余地がない」（前掲、二四六～二四七頁）。

それは、いわゆる「征服国家論」とも違うものである。

「私が提起した〈共同体―即―国家〉という発想は、『征服国家論』における他共同体に対する直接的支配機構（Gewalt）としての征服共同体のみを意味しているわけではない。すなわち、それは……すべての共同体が、他共同体との直接的かつ媒介的な関係性において、……強度の排他性をもった〈宗教的（祭祀的）・政治的（軍事的）・経済的権力〉として押し出されたとき、かかる〈政治的構造〉としての・共同体間諸関係の総体たる・当該世界史的構成のなかで位置づけられた共同体を指しているからである」（前掲、二五二頁）。

そこで滝村は、「国家〈生成〉の歴史的＝論理的過程」を次のように整理する。

「（1）他共同体（種族）との偶然的接触による〈共同体―即―国家〉の現出。

（2）〈共同体―間―社会分業〉の発展に伴う種族間〈交通〉関係の構造化に立脚して〈共同体―即―国家〉の成立→〈共同体〉の内的〈実存〉形態としての〈共同体制度〉つまりGemeindewasen の強化。

（3）〈共同体―内―社会分業〉の発展に基礎づけられて〈第三権力〉としての〈国家権力〉の成立→〈共同体―即―国家〉と〈共同体―内―国家〉の成立により（i）〈国家〉の内的〈実存〉形態としての〈政治的社会構成〉の成立。同時に、（ii）〈共同体―内―秩序〉から〈政治

的秩序〉、〈原始的規範（慣習）から〈法的規範〉への転成」（前掲、二五三頁）

というプロセスを描くということである。

だがしかし、かかる〈共同体―間―社会分業〉による〈共同体―即―国家〉形成という重要なモメントに対する無視・捨象を、行ってきたのが、「俗流マルクス主義」の〈共同体―内―社会分業〉論者にほかならないというのである。

そこで滝村は「ミーチン＝永田理論」の永田広志を引用する。

「永田広志が、かつてカウツキーの『強力説』＝『征服説』を批判しながら、〝正統マルクス主義者〟の伝統的な〝内的発展史観〟を模範的に提出していたことを想い出さずにはいられない。『……奴隷の発生は共同体内部における生産力の発展の結果であって、……後には、共同体内部の成員も債務奴隷となったこと、……従って余剰生産物を生産し得る迄に発展した共同体に階級が発生するのは、この余剰生産物をねらう『貧困』にして勇敢且つ『知能』ある遊牧種族による該共同体（農業種族）の征服の結果ではなくて、却って共同体内部の矛盾の発展の結果だということは明白である』（唯物史観講話）」（前掲、二四九頁）

というわけである。

これでは「狭義の国家」に重点を置いた分析しかできないことになるだろう。しかし、国家は二重に存在している、ということだ。

【四】レーニンはこうした二重の国家の構造を把握できていないと滝村は指摘する。

「レーニンにあっては、このような〈広義の国家〉の理解を殆んど見ることができない。これは彼がヘーゲル国家論を検討しなかったことにもよるが、根本的には俗流唯物論を理論的に克服できず正しい意志論をもっていなかったところにその主たる原因がある。つまりレーニンにおいては……マルクス＝エンゲルスによって、ポレミッシュな形で特に強調して提起された第三Machtを、これこそ国家なのだと解釈したため、〈広義の国家〉のなかにおける第三Machtの位置と比重を正しく測定することができず、その不当な過大評価に陥ってしまったのである」（前掲、一二二頁）。

こう指摘しつつ、滝村は、革命家として権力奪取をめざしたレーニンにあっては、マルクスなどとは「違った意味でこの第三Machtの問題をとくに強調せざるをえなかったとしても、それ自体何ら非難されるべきことではない」としたうえでレーニンにあっては「〈広義の国家〉の問題を基底に据えた体系的な国家論の展開を望むことはできなかった」（前掲、一二三頁）としている。

つまり「従来〈国家〉について論じた〝マルクス主義者〟は……〈狭義の国家〉論の大わくのなかで、〈国家権力〉の〈実存〉形態としての〈国家機関〉や〈国家機能〉を、〈実存〉形態として……それをもっぱら直接的かつ実体的にしか捉えられなかった。かくしてレーニンに象徴される〈国家＝暴力機構〉論や、スターリン的な〈国家＝暴力機能〉論が、公認された〝マルクス主義国家論〟として堂々とまかり通ることにもなったわけである」（前掲、二一五頁）とロシア・マルクス主義の国家論の位相を分析しているわけである（この問題について、くわしくは、滝村隆一『新版革命とコンミューン』イザラ書房、初版、一九七七年、二五五〜二六〇頁参照）。

●──アルチュセールの「重層的決定」と廣松渉の「国家の四箇条」規定、および〈物象化としての国家〉について

【一】先述したように、レーニンらロシア・マルクス主義の国家論を規定している、経済的下部構造決定論には、例えば端的に言って、アルチュセールが論じたような〈重層的決定〉という考え方が、欠如している。ここでは字数の関係上、方法論的な指向性の範囲に引用は限定する。

「マルクスでは、経済と政治の暗黙の合致……は消え、そのかわりにあらゆる社会構成体の本質をなす構造─上部構造の複合体における、規定的諸審級の関係という新しい概念が現われる。……マルクスはわれわれに『鎖の両極』をあたえており、探求すべきものは両者のあいだである、とわれわれに告げている。つまり、一方では（経済的）生産様式による最終審級による決定があり、他方では（政治的──引用者）上部構造の相対的自律性とその独自の有効性が

ある」（アルチュセール「矛盾と重層的決定」、『マルクスのために』所収、原著一九六五年、平凡社ライブラリー、一九九四年、一八一〜一八二頁）。

「われわれとしては、ここで、経済的なものによる最終審級における決定に対する有効な諸決定（上部構造および、国内的国際的な特殊な状況から生じる）の集積と呼ぶことのできるものをとりだすだけで充分である。ここにおいてはじめて、わたしが提起した重層的に決定される矛盾という表現が明らかになるように思われる。……この重層的決定は歴史の一見して特殊な、あるいは異常な状態（……）にかかわるものではなく、普遍的なものであり、経済的な弁証法はけっして純粋状態で作用するものではなく、……最初の瞬間にせよ、最後の瞬間にせよ、『最終審級』（経済的下部構造による決定のこと――引用者）という孤独なときの鐘がなることはけっしてない」（同上、一八四〜一八五頁）。

レーニン『国家と革命』のような、経済的支配階級と国家暴力機関の単線的・直接的関係ではなく、こうした重層的決定という事を、アルチュセールは、考えた。そして、このアルチュセールとは別の角度から、国家の諸機能・諸要素に則して、この重層構造を、〈要素概念化〉したものとして、廣松渉の『ドイツ・イデオロギー』の「四箇条」規定があるだろう。

【二】廣松は、マルクス・エンゲルス（初期エンゲルス）の『ドイツ・イデオロギー』の国家論を素材に、「それは次の四箇条に整理できます」（「唯物史観と国家論」の「第一章『ドイツ・イデオロギー』の国家論」、廣松渉著作集一一、岩波書店、三四三頁）として四箇条の規定を次のように示している。

①「幻想的な共同体としての国家」

②「市民社会の総括としての国家」

③「支配階級に属する諸個人の共同体としての国家」

④「支配階級の支配機関としての国家」この四規定である。

この「第一章」の「第三節　四条の規定の統一的視座」では、つぎのように論じている。（この点、『ドイツ・イデオロギー』との論点検証に関しては、拙著では、『国家とマルチチュード』、社会評論社、九三頁以降「『ドイツ・イデオロギー』の国家論」を参照してほしい）。

「現実の歴史的国家の実態を考える場合、近代国家は一見したところ異貌であるにせよ、バイブルに出てくるユダヤ国家、オリエント国家、それにギリシャのポリス、ローマのキヴィタス、これらはたしかにたかだか支配階級の共同体にすぎないという事情が容易に看取されます。そこにおいてすら、イデオローギッシュには成員全体の共同体という思念が現に存在したし、その思念に一定の社会経済的な根拠があったことも否めませんが、まさにそのように表象されている共同体は幻想的共同体であり、実態においては、支配階級が被支配階級を現体制の秩序の埒内につなぎとめておくための、すくなくともそのように機能するところの編制体であり、この意味で支配階級に属する諸個人の共同体と呼ばるべきものであることが判ります」（前掲、三六七頁）。

これを、本論の趣旨に則して展開すると以下のようである。

階級の非和解性から、支配階級キャピタリスト（ブルジョアジー）は、その〈階級支配のための機関としての国家〉④を形成する。それは「官僚的軍事的統治機構」であり、警察権力も中心的な役割を担っている。また、こうした暴力装置に守られたものとして、国家は〈支配階級の諸個人の共同体としての国家〉③である。他方で、搾取の機制は、自律的な商品所有者の交換関係を三位一体的範式のもとに形成し市民社会を定立する。この自由平等な〈「市民」社会の総括としての国家〉②の機能が必要となる。国家は、そもそも、分業的に分裂し、アトム化した諸個人の利害対立の調停・統合をなすとともに、「公共の福祉」という幻想性によって正当性を形成・維持するが、それは、社会契約論的には民主主義的幻想、社会実在論的には全体主義的幻想であったりするが、いずれも、これが〈幻想的な共同体としての国家〉①であり、社会の政治的社会構成を大きく統合し、また逆に、一人ひとりの価値観に入って、統合する機能を持つということになるだろう。

まさにこの四規定は、これは一つひとつ単独にあるものを連結したものではない。四概念は関係主義的には〈一つの権力的諸関係〉を、概念的に便宜的に四概念に実体化して説明したものにほかならない。「階級支配の手段である国家」は、「市民社会を総括」しないはずはなく、それは「支配階級の諸個人の共同体」ではないはずもない。また「階級支配の手段である国家」は、支配階級のイデオロギーの機関として存在する以外なく、「階級支配と、その暴力的貫徹のためのゲバルト」の行使を「公共の福祉」などとして正当化するために「国家共同幻想」も、存在しているのである。

【三】こうしてこの四箇条はすべて、相互に連関しているのであり、それ以上に〈一個の権力的諸関係として同一〉なのであって、これらの一項を他の一項と、実体的に・あるいは対立的に区別することはできないと考えるものである。

これらの国家の在り方を通じて、ブルジョアジーが労働者人民を支配するための〈運命共同体としての国家〉という幻想的共同態としての国家が定立する。ここで「共同幻想」というのは、平和的な階級対立の解決という意味では必ずしもない。否！　それよりはむしろ、直接的には、精神拘束的・恫喝的な禁忌・禁制などによる抑圧や禁制などを犯した者に対する罰則、国家暴力の行使などとして、定立している。端的には戦前治安維持法がそれだ。同法は、国体という共同幻想に対する禁制を規定し、これを犯したと公安警察機関が認定した者を罰する国家共同体法制にほかならなかった。また現代では、秘密法が規定する、「国家の安全保障のため」という国家共同幻想の下で、ある人（人々）を「特定秘密を保有する者の管理を害する行為」などという〈禁忌・禁制（共同幻想的規範拘束性）を破る行為〉を行った者として、国家権力が一方的・恣意的に決めつけて「犯人」にでっち上げるなどが可能となっている。まさに国家共同幻想とは、それ自体が、国家暴力の組織者である。

まさに「共同幻想」と「国家暴力」をば、実体概念として自立化させ、どちらが、国家の本質かなどといっても、それには何の意味もないのである。「共同幻想」とはMacht（共同意志）であり、国家暴力は、まさしくGewalt（暴力）であって、それらはどちらも、ある種のOrgan（機構・機関）をもって機能するのであって、権力作用の機能が違うだけである。まさにそれらは、一つの〈権力的諸関係〉をそうした機能に実体化して概念的に抽出しただけのものであり、「共同幻想」「国家暴力」は、実体としては〈ただ一つの〉分かつことができない〈権力的諸関係〉にほかならない。

だがここで、本論の第一節でも述べたように、以下のことは確認すべきことである。

それは、「国家共同幻想」論者の中に国家暴力を過小評価したり、国家暴力の不正と闘うことに消極的になったりする傾向があるということだ。こうした傾向に対しては、徹底的に批判する必要があるということは課題として確認する必要がある。

たとえば、安保体制をめぐるものや、千葉県三里塚空港建設、原発建設、等々、多くの社会問題には、警備公安警察の指揮の下、警察機動隊の大量投入によって、国家テロという以外ない国家暴力での反対派住民や学生・労働者に対する弾圧がおこなわれてきた。国家暴力を軽視すべきではないのは、自明だ。

【四】最後に、廣松哲学では、「国家」とは、ある種の〈物象化の機制〉だと規定される。ここでは、次の点のみにふれておきたい。国家とはそれ自体が自生的に独立自存してあるのではなく、国家というものをつくりだした階級的社会的諸〈関係の産物〉としてあるということだ。ここでポイントは、法律的秩序形成をつうじて、基本法の規定態である国家が逆に社会的諸関係をつくっていると錯視・錯認することが、通常の市民社会での「常識」（この体制的な「常識」を、廣松哲学では「通用的真理」「通用的正義」などという）となっていることだ。国家主義やレイシズムがはびこる温床となるものの、それは一つだろう。

廣松は言う。

「物象化と呼ばれる事態は、それ自身としてはとりたてて特異なことがらではない。それは日常的意識（フュア・エスの立場――引用者）にとって物象的な（独立自存の――引用者）存在に思えるものが学理的に反省（フュア・ウンスの立場――引用者）してみれば単なる客観的存在ではなく、いわゆる主観の側の働きをも巻き込んだ関係態の『仮現相（錯視されたもの）』である事態を指す」（「現代的世界観への道」、『廣松渉著作集第一三巻』、岩波書店、三頁）。

「人と人との社会的関係（この関係には事物的契機も媒介的・被媒介的に介在している）が、物と物との関係、ないし物の具えている性質ないしはまた自立的な物象の相で現象する事態」を物象化という、また「人と人との関係が物的な関係・性質・成態の相で現象する事態、これをひとまず物象化現象と呼ぶことができよう」（「物象化論の構図」、『廣松渉著作集第一三巻』、岩波書店、一〇一頁）。

こうした、人間が間主体的に形成した関係態にほかならないものが、物象として独立自存し、その物の性質、働きによって、逆に物象をつくりだした関係の方が、その物象につくられたもの、規定されているものとして意識される、それが物象化ということだ。

「社会とか国家とかいう『もの』が在るかのように思っている。たしかに社会や国家は成員の代数和以上の独自な存在ではある。が、しかし社会や国家というものが独立自存するわけではない」(『現代的世界観への道』、『廣松渉著作集第一三巻』、岩波書店、四頁)

ということだ。

さらに国家の死滅とはと廣松は言う。

「国家権力という物象化された力は、無政府主義者が企図するように、それ自体を物のように廃止することは不可能であって、当の物象化を成立せしめる社会的関係を基底的な生産の場で抜本的に再編することなしには廃止できない」。

「資本主義的生産関係に存在根拠をもつ物象化」(＝国家)はその関係を止揚することによって克服できると論じている(『物象化論の構図』、『廣松渉著作集第一三巻』、岩波書店、一三八〜一三九頁)。

まさに以上のような、「重層的決定」と「四箇条」規定、そして、〈物象化としての国家〉の解明から、本論としては、レーニン『国家と革命』の単線的・機構的暴力国家論は、マルクス主義国家論としては非常に一面的であり、現実の国家分析においては、いかなる国家の対象に対しても分析は不十分となる以外ないと考えるものである。

こうして、われわれは、資本主義国家権力の重層的な構造の解明を前提とした、権力分析の端緒にたつことが、できたのではないか。

（本論は拙著『エコロジスト・ルージュ宣言』（社会評論社、二〇一五年）に所収のものの再録である。若干、修正をしている）

第三章――「階級解体」と全体主義

ハンナ・アーレント『全体主義の起原』（全三巻）を読む

●――はじめに

今日の日本の政治状況の大枠、大きな流れを、本論論者（渋谷）は、新自由主義による労働者階級の「政治的」階級としての「階級解体」→労働者階級のアトム化→個人主義の混沌→国民動員体制の形成・強化／右翼改憲→全体主義化という流れに、少なくともなってゆくような可能性があると考えている。もちろんそれは、阻止しなくてはならないのだが。その全体主義化のポイントは、労働者階級の政治的な「階級解体」であり、それは、これから述べるように、「国民国家―市民社会」秩序の解体的な再編＝全体主義化という秩序構成の変化の要因として展開されるものと考えている。

＊　例えば、「労働者階級の政治的階級形成」という場合、労働組合組織率それ自体は、労働者階級

の政治的階級形成とは、区別して把握されねばならないが、その政治的階級形成の「社会的」前提となるものだ。この前提となるデータだが、例えば、二〇一八年一二月一九日の朝日新聞電子版によれば、厚生労働省が、一八年六月末のデータとして労働組合組織率を一七・〇％と発表している。これらの調査、説明の信憑性などは、ここでは問題としない。この「一七・〇％」という数字は、「過去最低」であるという。ただパートの労働組合員数は増加しており、前年に対し八万九〇〇〇人増の一二九万六〇〇〇人。非正規雇用が拡大していることの表れだ。厚労省の過去の「労働組合基礎調査」では、一九五〇年には、五〇数％、一九六〇年は三〇数％である。また、一九八〇年代までの総評・社会党ブロックがベースにあった時代の組織内容と、一九九〇年以降の労働戦線の右派統一によってできた「連合」（八九年結成）労働運動とでは、政治的な実質に大きな違いがあるだろう。

この全体主義化の分析を詳細に行っているのが、ハンナ・アーレントの『全体主義の起原』（原本は一九五一年より刊行開始。本邦刊行は、一九七四年、みすず書房、また、訳出書では「ハナ・アーレント」であるが、本ノートでは「ハンナ・アーレント」とした）である。本論では、まず、そのとっかかりとして、マルクス主義の歴史的立場性を継承するものとして、トロツキーのファシズム論をとりあげ、それを足場として、アーレントと対話をしてゆくという段取りである。

ただし本論は、あくまでも、二一世紀の《階級解体＝全体主義化》を問題意識としており、一九三〇年代のファシズムをめぐる問題（とりわけコミンテルン「ディミトロフ・テーゼ」の内容、ソ連派スターリン主義の「ソ連一国社会主義」の国家主義外交路線と人民戦線政策の問題、非スターリン主義・反スターリン主義左翼内部の論争など）には、それとして踏み込まないこととし、別稿を期すことにする。

序　「階級解体」と社会のアトム化はどのように起こるのか
トロツキーのファシズム論のポイントとの関係で

トロツキーは、一九三二年、「次は何か?」（トロツキー『社会ファシズム論批判』、現代思潮社、一九六九年第二版）というファシズム批判の論文を発表した。その「序文」には、ファシズムの特徴や、社会民主主義との関係が端的に描かれている。

「戦争（第一次世界戦争のこと——引用者）が勃発した。社会民主主義は、未来の繁栄の名のもとに、戦争に参加した。繁栄のかわりにきたものは、しかし、凋落であった。現在では、かれらの仕事は、資本主義の否定的面から、革命の必然性を説いたり、改革によって、労働者を資本主義と同調させたりすることではない。社会民主主義の新しい政策は、改良をさえも放棄することによって、ブルジョア社会を救うことであった。

しかし、これはまだ、凋落の最後の段階ではない。死に瀕している資本主義の現在の恐慌は、社会民主主義に、長期の経済的、政治的戦いの戦果をさえも見棄てさせ、ドイツの労働者を、かれらの父の、祖父の、曽祖父の世代の生活程度まで逆戻りさせている。自ら闘いとった成果や、その期待の残骸の真っ只中で、あわれに解体して行く解体してゆく改良主義ほど、悲劇的で、同時に嫌悪を催させる歴史的光景はないであろう」。（社会民主主義の指導者たちは）「適応能力の最後の限界へまで追い詰められているのだ。ドイツの労働者階級にとっては、その下まで意識的に、長期にわたって、落ちていってしまうことができない水準というものが存在する。しかし、自らの存在をかけて戦っているブルジョア支配体制は、その水準を認めることも欲しない。ブリューニングの緊急令（一九三〇〜三一年にかけて、四回発令されたワイマール憲法第四八条に基づく大統領緊急令。公務員給与カット、失業保険給付制限や、集会の自由の制限などが内容となっている。一九三〇年九月の共産党とナチスの議会獲得の加速に対して、これに対抗すべく、社会民主党はブリューニングに対する寛容政策をとり、この緊急令に反対しなくなった――引用者）は、地歩を探る手始めにすぎない。ブリューニングの支配体制は、プロレタリアートの一部の無気力で中途半端な信頼によって、その存在を保っている社会民主主義官僚制の卑屈で、裏切り的な援助のおかげで、もちこたえているのだ。官僚的法令による体制は、不安定であり、その上、不確実かつ生存しがたいものである。資本家側は、他の、より決定的な政策を必要としている。そのためには、元来労働者の方へ向かう傾向をもっている社会民主主義による援助は、不十分なものであるばかりでなく、すでに資本家たちを悩まし始めてさえいる。いいかげんな政策をとっている時期は過ぎたのだ。新しい出口を発見するためには、ブルジョアジーは、労働者階級の圧力から完全に脱しきり、それを排除し、破壊し、壊滅させてしまわなくてはならない。

そこに、ファシズムの歴史的使命が始まる。ファシズムは、プロレタリアートのすぐ上にあってプロレタリア階級の中に転落してしまうことを恐れている階級を目覚めさせ、公式国家の衣の下に隠れながら、金融資本の力によってかれらを組織し、戦闘的にする（Ｍｏｂモッブの形成だ——引用者）。そして、これらの階層を、もっとも反動的なものからもっとも穏健なものまでを含めて、プロレタリア階級全体の破壊（「階級解体」→アトム化——引用者）へと向かわせるのである。

ファシズムは、ただ単なる弾圧や、暴力、警察テロなどの制度ではない。それは、ブルジョア社会の中にあるすべてのプロレタリア的民主主義の要素を根絶することによって成立する、特殊な国家的制度なのである。ファシズムの任務は、ただプロレタリア前衛を打破することにあるのではなく、すべての階級を、強制された細分化状態（アトム化——引用者）の中に維持して行くことでもあるのだ。そのためには、もっとも革命的な労働者層の、肉体的破壊だけでは不十分なのである。すべての独立した、自由な組織を破壊し、プロレタリアートのあらゆる支点を無に帰せしめ、その上、社会民主主義と労働組合の、四分の三世紀にわたる仕事の成果（労働基本権をはじめとするブルジョア民主主義的諸権利など——引用者）を粉砕してしまわなくてはならない。なぜなら、究極的には、共産党の支点もまた、社会民主党および労働組合のなし遂げた仕事にあるのだ。

社会民主主義は、ファシズムの勝利のためのすべての条件を準備してやった。しかも、それと同時に、自らの政治的破滅の条件までもそろえてしまった。ブリューニングの緊急令の制度や、ファシズムの野蛮な暴力の脅威などの責任を社会民主主義に求めることは、全く正当である。しかし、社会民主主義を、ファシズムと同一視することは、全く馬鹿げたことである」。

これらのことを一言で言うと、「階級解体」＝政治的階級としての労働者階級の階級解体↓アトムへの分散↓《労働者階級》ではなく《賃金奴隷諸個人》（としての即自的な経済的階級に固定化される）↓全体主義国家（ナチス国家）という政治的共同体への動員・吸収・統合ということだ。

以下、アーレントの『全体主義の起原』を読んでいくことにしよう。

第一節　第一巻「反ユダヤ主義」を読む

●──反ユダヤ主義とモッブの形成──近代国民国家は排外主義を必要とした

まずアーレントの文献に入る前に、反ユダヤ人政策についてナツィが政権についてからのアウトラインを確認することからはじめよう。

その場合、まず断り書きであるが、本論は、シオニズムを免罪するものではない。戦後シオニズムは、パレスチナを抑圧する侵略帝国主義の問題として捉えられるべきである。

一九三三年、ナツィが政権につき、国家秘密警察（ゲシュタポ）が結成された。一九三三年一月ヒトラー内閣成立。三月全権委任法が制定され、立法権は政府に吸収された。四月、職業官吏再建法が成立し「非アーリア人種（ユダヤ人）」の公務からの追放が示される（この規定は、「非アーリア人」の定義を巡り混乱を呼んだ）。三五年、ニュルンベルク法が制定される。この法は二つの法律の総称であり、その一つ「帝国市民法」は、「ドイツ人または同種の血をもつ国籍所有者」以外の、選挙権、公務就任などを禁止した。もう一つの「ドイツ人の血と名誉を守るための法律」では、ユダヤ人と「ドイツ人または同種の血をもつ国籍所有者」の婚姻、婚姻外性交渉を禁止するものだった。

こうした反ユダヤ主義政策は、一九三八年一一月、大きく展開する。一一月九日夜〜一〇日未明にかけて、ナチ党指導者ゲッペルスを主犯とし、ナチスSA（突撃隊）を主力に展開された「水晶の夜」（クリスタルナハト）事件である。ユダヤ人の居住地やシナゴーグ（礼拝施設）、ユダヤ系の商店・企業が、襲撃された。この事件以降、ホロコースト（大量虐殺・迫害）がはじまった。

さらに、一九四二年一月二〇日、ベルリンにある高級住宅地・ヴァンゼーで、ナツィ高官が集合し、それまで、各々の官僚組織がばらばらに行っていたユダヤ人抑圧政策を統一する意思統一をおこなった。これは「最終的解決」といわれ、ユダヤ人の抹殺を、インフラ整備事業などを利用した強制労働と計画的な殺害で推進しようとするものであり、強制・絶滅収容所での死亡が増加・加速することとなっていった。

一九四五年ナツィ敗戦。一一月（〜一九四六年一〇月）ニュルンベルク裁判でナツィ断罪。一九六〇年、アルゼンチンに潜伏していた、強制収容所政策の指導的司令官アイヒマンを、イスラエル（一九四八年「建国」）諜報組織が逮捕。イスラエルでいわゆる「アイヒマン裁判」（六一年）

がおこなわれ、翌年死刑となる。

本論著者（渋谷）の、論理立てから言うならば、これから本ノートの論脈において明らかにするように、このような反ユダヤ主義（としての排外主義）自身が、きびしく批判されるべきであることは前提であるが、「全体主義」概念との関係で言えば、こうした差別排外主義＝反ユダヤ主義を媒介とし、戦略的な課題としつつ、〈国民―民族共同体としての全体主義〉が形成・登場したという国家共同体論に即した論脈が、全体主義概念を考えるうえで、重要なことだと、考えるものである。

アーレントの立論に入って行こう。

このような反ユダヤ主義の特徴をもった、ナツィの全体主義の形成・成長は、まず、近代国民国家の形成時点におけるある種の矛盾から開始したとすべきだというのが、アーレントの立論の出発点だ。ここではまず、「反ユダヤ主義」という形での《異分子に対する排外主義》が問題となる。（引用のページ数は、例えば「第一巻の一二三ページ」なら、「一・一二三頁」とする）。

このここでいわれる「国民国家」と「帝国主義」の位置関係だが、アーレントによれば次のようになる。以下の位置関係を頭に入れながら、以下のアーレントの国民国家分析に入ってゆこう。


「全体主義の支配形式・運動形式を作り上げるときに含まれていた反ユダヤ主義の要素については、次のように言わねばならない。すなわち、国民国家の解体過程においてはじめて、それ故、帝国主義が政治的事象の前景にあらわれてきた時代になってはじめて、この要素は全面的に展開したのである」（一・一四頁）。

これは「国家共同体―内―排外主義」としての「反ユダヤ主義」から、国民国家の膨張による帝国主義による「人種思想」の形成という脈絡で言われていることだと考える。排外主義（異分子排除）としての反ユダヤ主義の機制についてだが、『全体主義の起原』第一巻「反ユダヤ主義」の論脈となるものだ。そして「帝国主義的人種思想」が第二巻での論脈となる。

まずその前提となる近代国民国家の形成がユダヤ人に対して意味したものがある、これが重要だ。端的に言って、国民国家の形成、それは、それまで異分子・非同権者だったユダヤ人に、国民としての「法律上の同権」を与える過程でもあった。だが、ここに、決定的な矛盾が含まれていたとアーレントは言う。

「なぜなら国民国家という政治体が、他のすべての政治体と異なるところはまさに、その国家成員たるの資格としてはその国に生まれていることが、その住民全体についてはその同質性が、決定的に重要視されているということにあったからである。同質的な住民の内部ではユダヤ人は疑いもなく異分子であり、それ故、同権を認めてやろうとすればただちに同化させ、できることなら消滅させてしまわねばならない」（一・一六頁）。

ユダヤ人が同権をもち、ドイツならドイツで、市民社会の一個人として、社会に溶け込み、社会的な地位を築いてゆくという過程は、同時に、ユダヤ人ではない国民の中に、ユダヤ人が国・社会を乗っ取るのではないかという「ユダヤの世界征服」の疑惑が世論として成長して行く過程でもあった。

そこでアーレントは、ドレフェス事件をとりあげる。

「一八九四年、フランスのユダヤ人参謀将校アルフレッド・ドレフェスは、軍事法廷でドイツ帝国のためのスパイ行為を告発され、悪魔島（イール・オ・デイアブル）への終身刑を言い渡された。判決は全員一致で下され、審理は非公開でおこなわれた」（一・一七二頁）。

この事態はまさに、あきらかに、ユダヤ人に対する敵意・予断と偏見の裁判過程をうかがい知ることができるだろう。これに対するエミール・ゾラなどによる救援運動が展開されている。だが、その後、真犯人がわかり一八九九年釈放、一九〇六年無罪を破毀院は認めたが、それは軍事法廷で再審させる権限しかなく、無罪放免にはならなかった（一八九九年再審のとき、情状酌量で一〇年、大統領により特赦という形をとって釈放となっている）。

まさに一八八二年の金融恐慌により、ユダヤ系金融資本のロスチャイルドがフランス人民の貯蓄を投資に誘導していたため、投資銀行が破産し、貯蓄をなくした人民による、銀行業界を手にしていたユダヤ資本とユダヤ人に対する反ユダヤ主義が拡大していたのだ。このことは、その象徴として一八八九年、パナマ運河疑獄事件へと展開して行く。パナマ運河の開発工事をするために、パナマ運河開鑿会社は社債を発行し、フランス人民はそれを買った。だが、八九年の数年前に会社は破産していたにもかかわらず、「何かの奇跡によって、仕事を再開することができようという希望」（二・一八二頁）から、社債発行を議会から承認させるため「新聞界の大半と議員の半数以上と高級官僚のすべてを買収しなければならなかった」（二・一八二頁）。八八年に社債は発行されるが、八九年、裁判所が破産を宣告し、このことが発覚したのである。

アーレントは、次のようにパナマ疑獄事件を総括している。

「パナマ疑獄事件は、二つのことをあきらかにした。第一に、第三共和政の内部で議員と国家官僚が商人となっていること。そして第二に、私的事業――この場合はパナマ運河会社――と国家機構とのあいだの斡旋がほとんど独占的といえるほどまでにユダヤ人の手でおこなわれていたこと」。

「西欧および中欧全域におけると同様フランスにおいても、ユダヤ人は百五十年以上ものあいだ国家経済ときわめて密接な関係を持っていた。十八世紀の直接な貸付業務および軍需品調達は国債発行業務となったが、この仕事は実際上、公衆はユダヤ系銀行が保証した場合にのみ国債を買うという事実によってなりたっていたのである。ブルボン王朝復辟以来市民王政の時代を経て帝政まで、ロスチャイルド（フランスではロチルド）家が国家経済のこの部門をほとんど独占していた」（二・一八四頁）。

「こうして結局、フランス・ユダヤ人のなかの新来分子は、一種の前衛を形成していることがあきらかになった。きわめて多種多様な社会グループの商売上の利益と統治機構とのあいだの斡旋役は、大部分ユダヤ人の手に帰した。第三共和政時代まではユダヤ人は堅固な、それ自体として強力な、その国家に対する有用性はもはや論議の対象とはなり得ないような集団をなしていたのに反して、今や彼らはアトム化され、徒党に分割され、お互い同士極度に敵対し合い、しかもいたるところで同じ機能を果たしていた。すなわち仲介によって社会に力をかし、国家を食って私腹を肥やすという機能である」(一・一九一頁)。

後述するように、この一八世紀終わりから、数年後、一九〇三年「シオンの賢者たちの議定書」というユダヤ人が世界征服をもくろんでいるという偽書が、ユダヤ人の指導者による「議決書」なる筋立てで、欧州を席捲することになる。

こうした、欧州の国民国家―市民社会の危機の中であらわれたのが、一九世紀のモッブという社会現象だった。

「モッブはありとあらゆる階級脱落者からなる。モッブのなかには社会のあらゆる階級が含まれている。モッブはカリカチュア(戯画)化された民衆であり、それゆえにまたあのように民衆と混同されるのである。民衆があらゆる革命において国民に対する主導権を得ようとしてたたかうとすれば、モッブはあらゆる暴動の際に自分たちを指導し得る強力な人間のあとについて行くのである。モッブは選ぶことができない、喝采するか投石するかしかできないのだ。

だからモッブの指導者たちは、近代の独裁者たちがそれによってすばらしい成果を挙げたあの人民投票による共和制を当時すでに求めた」。

「モッブは自分を締出した社会と、自分が代表されていない議会を憎んだ。第三共和政の社会と政治家は、短期間に相次いで起こるスキャンダルや詐欺事件のうちにフランスのモッブを作り出してしまったのである。大量現象としての失業というものがまだなかった時代において、モッブは主として零落した中間階級から成っていた」(一・二〇四頁)。

モッブは「暴徒」などと規定されるが、アーレントは、これを単に暴徒ではなく、「階級脱落者」と規定している。

その内実は、何か。

「モッブを蹶起せしめるのは『偉大な思想』だったのである」。

「モッブが憎むもののすべてがユダヤ人のうちに体現されていることはあきらかだった。まず社会だが、ユダヤ人は社会のなかに許容されていた。次に国家だが、数百年来ユダヤ人は直接国家によって社会から守られ、それ故簡単に国家権力と同一視され得た。モッブはいかにも選り好みをするほうではなく、事実ユダヤ人のみを追究したわけではなかった。……けれどもやはり一九世紀後葉において、彼らが最も好んで槍玉に挙げたのがユダヤ人だったことは否定できない。……社会からも国会からも同じように締出され、公的な政治的社会的インスティテューションの外でしか行動し得なかった階級脱落者（デクラッセ）のモッブは、こうした影響力を極端に過大評価するのみか、政治生活の真の実態をそのような影響力のなかに嗅ぎつけようとする自然な傾向をもっていた」（二・二〇五～二〇六頁）。

まさにその「真の実態」が、「シオンの賢者の議定書」なるものに書かれているような、「世界征服」の神話ということになる。以上が『全体主義の起原』第一巻「反ユダヤ主義」で、述べられていることの、本論の問題意識との関係での概略ということになる。

第二節　第二巻「帝国主義」を読む

●――国民国家の対外膨張としての帝国主義とそれによる人種思想の形成

近代資本主義は、国民国家―市民社会―階級社会の三つの要素から形成されてきたが、この連関をどう見るかが重要だ。アーレントは、この第二巻「帝国主義」で概略的には、次のようなことを言っている。

「国民国家」は、例えばドイツ人、フランス人などという民族が国家をつくったものだが、人権の享有により、例えばドイツ国民国家の国内にいるユダヤ人に法律的な同権を承認するシステムを形成した。そのため、国民国家を構成するドイツ人の中には、こうしたユダヤ人を国家共同体内の異分子として排除する、あるいは、ともに国民をなすなら、同化させるという動きが出てくる。つまり、国民国家は、国民国家のヘゲモニー民族以外を異分子として排外するシステムである。

「市民社会」は、人権を基本に諸個人が個人として平等に生きる社会だ。だが、それは、階級社会との関連で、次のように展開する。階級社会は、「資本の本源的蓄積」によって、土地の囲いこみなどにより農民が、土地という生産関係から疎外されて、都市の労働者階級を形成するなかで、資本主義の基底がつくられる。そうして資本主義の階級社会が形成される。この階級社会は、基本的に、労働者階級と資本家階級の階級対立としてあるが、この階級は、同じ民族を引き裂くことを意味する。国民国家のなかで、ドイツ人だけでなく、ユダヤ人、あるいはもっと違う民族の人たちが「労働者階級」をなし、階級闘争では団結して、資本家階級と闘っている。これは、民族の分裂を意味している。

こうした、資本主義の形成は、さらに生産力が増殖すると、「過剰資本」を生み出す。この「過剰資本」の処理のために、資本の対外進出が必然化する。この対外進出は、「帝国主義」としての国民国家の「膨張」であり、それまでの古典的な意味での国民国家の破壊である。だが一方で海外では同じ民族は、資本家も労働者も、そして官僚も、例えばドイツ人なら、おなじ「ドイツ人」である。その意味で帝国主義は、階級に引き裂かれた民族を再統合すると当時の人たちは考えた。

アーレントは述べている。

「それにしても奇妙なのは、帝国主義政策に対する真に民衆的な反対が全然なかったことである。……当時の民衆も政治家も、階級闘争が国民の統一体自体を分解させてしまい、全政治機構も全社会機構もともに極度の危険に曝されていることを知っていた。だから膨張は分裂した国民に再び共通の関心を与え、いま一度統一をもたらすものとさえ思えたのである」（二・五〇頁）。

そして、さらに、この資本主義の展開は、次のようにも展開した。資本主義の展開は、大量の失業者、大量の移民を生み出した。それは、国民国家に総括され、階級社会の中で生活していた市民（市民社会の個人）を、階級秩序から脱落させる。そうした、いろいろな階級からの「階級脱落者」を生み出した。それは、市民社会のなかで利益集団をつくって存在する市民が、アトム化することであり、階級社会の秩序からも、アトム化することを意味する。そうしたアトム化した個人の集団は、国民国家と階級社会の何らかの利益によって形成されている政党から排除されているゆえに、議会外勢力となり、街頭の暴徒に成長し、自分たちに利益を与えるような、正当性を言ってくれる強い指導者の党をもとめてゆく。それがモッブといわれる人々、階級脱落者の運動である。また、帝国主義は、資本家とモッブの同盟、海外植民活動での同盟をも、エネルギーとして、成長していった。

さらに、その帝国主義は、対外的なナショナリズムを「人種思想」「種族的ナショナリズム」として生み出してゆく。つまり、ポイントは、階級に引き裂かれた国民（ドイツ人ならドイツ人の資本家と労働者）が、他の植民地の民族に対して、「過剰資本」の運用を契機とした資本の支配――「資本の本源的蓄積」を含有する――を組織することによって、他の植民地の民族に対しては、ひとつの支配民族として再統合するということだ。階級対立の他民族支配への転化ということである。だからそのシステムに対応するイデオロギーとして人種思想、種族的ナショナリズムが成立するということである。そしてそれは、モッブの思想となった。

当時のカウツキー流のマルクス主義との関係でいうなら次のようである。

「ドイツでは、結局は第一次世界大戦に導くことになった『艦隊増強政策の推進者は、帝国議会の右翼ではなく自由主義者たち』だった。ドイツ社会民主党は、艦隊増強のための帝国国債発行を公然と支持するかと思うと一切の外交問題を完全に無視したりで、腰がさだまらなかった。この点での社会民主党の政策の無定見と無責任は、帝国主義の利益が当然に労働者階級にも及ぼした魅力のせいばかりではなかった。もっと本質的な要因は、帝国主義がマルクス主義の経済理論では歯の立たない最初の現象だったことにある。なぜならマルクス主義にとってはモッブと資本との新しい同盟はいかにも不自然であり、階級闘争の教義に反するものだったため、帝国主義的実験の直接の政治的危険、つまり人類を支配人種と奴隷人種、有色民族と白色民族に分け、階級に分裂した民族をモッブの世界観を基礎に統一しようという企てには、彼らは全然気付きさえしなかったからである」（二・四九頁）。

これがアーレント『全体主義の起原』第二巻「帝国主義」の第一章「ブルジョアジーの政治的解放」で言われている内容である。この場合、とくに「資本の本源的蓄積」を、国民国家の階級社会的形成にかぎらず、国民国家の対外膨張としての帝国主義の形成として、本源的蓄積のいわば永続的な展開を分析している。ここでは、後述するようにローザ・ルクセンブルクの『資本蓄積論』が、アーレントの分析の武器になっている。

●──「資本の本源的蓄積」と「過剰資本」の問題

「六十年代末のイギリスにはじまり、七〇年代の全ヨーロッパを規定することになった深刻な経済危機は、いろいろな面でヨーロッパ資本主義と近代政治との歴史における決定的転換点である。この危機において初めて明らかになったことは、経済自体の『鉄の法則』などには縛られず純然たる収奪によって蓄積過程をまず最初に可能にしたかの『資本の本源的蓄積』(カール・マルクス)は、蓄積のモーターを永久に回転させ続けるには不十分だということだった。この『原罪』をもう一度繰り返さなければ、すなわち純粋な経済法則を政治的行為によって破らなければ、明らかに資本主義経済の崩壊は避けられなかったのである。このような崩壊は住民の全階層が工業化された生産過程に組み込まれた後にのみ起こり得るのだから、それはブルジョアジーの破滅ばかりか、国民全体の破滅を意味する。帝国主義はこの危機に対する緊急諸対策から生まれたのである。それらの対策のすべてが目的としていたのは、いま一度、そして可能な限り長期にわたって『本源的蓄積の諸方法によって資本主義的な富が』創造され得るような道を見出すことだった」(二・四四頁)。

このような帝国主義による「諸大陸への資本投下」は、大資本だけでなく、「小さな貯蓄資産」がまきこまれ、国内産業の総体がひきこまれた。それは「ますます多くの人が自分の資産のますます多くの部分を賭に注ぎ込んでは失くしていった」(二・四五頁)。アーレントはこの例証として、先述したパナマ疑獄などを挙げている。

ここで、その帝国主義の分析として、アーレントは、ローザ・ルクセンブルクの『資本蓄積論』をあげ、「帝国主義に関する書物のうちでは」これほど「卓越した歴史感覚に導かれたものはおそらく例がない」と評価する。「彼女の文章を引用して、彼女の見解のいくつかが持つ広い射程を——今日においてもまだ認められていないが——示したい。それらは、とりわけ彼女の意図にさえ反してだが、政治とは全く無関係に自分自身の法則に従う資本主義発展などというものは存在し得ないし、また存在したこともないことを、証明している」として、ローザを次のように引用する。

「……『歴史的過程としての資本蓄積は、その一切の関連において、非資本主義的な社会層および社会形態を頼みとしている』。『帝国主義は、まだ占領されていない非資本主義的世界の残部をめぐる争奪戦における、資本蓄積過程の政治的表現である。帝国主義は資本の生存を延長させる一歴史的方法であると同時に、最も手取り早くその生存に限界を設定する最も確実な手段である』」。

そして、アーレントは「レーニンに従えば、過剰生産とそこから生ずる新しい市場の必要性の結果」（二・四五頁）ということだと説明するなど、何人かの経済分析との簡単な照らし合わせをおこなっている。

そこでこの「過剰」ということが問題となる。

ブルジョアジーである「彼らの富は産業革命以来、ますます生産者の社会と化してきた近代社会にとって決定的意味をもっていた。過剰資本の所有者はこの階級の中では、社会的機能を果たすことなしに金儲けに抜け目なく立ち廻った最初のグループだった」。これが富裕層ブルジョアジーを意味していることは明らかだろう。

アーレントは、資本主義は過剰資本にたいして、もう一つの「過剰」をうみだしたという。それが「恐慌ごとに生産者の列から引きはなされ、永久的失業状態に」されてきた「過剰労働力」にほかならない。「このふたつを初めて結びつけて故国を離れさせたのは、帝国主義だった。国家権力手段の輸出と、国民の労働力と国民の富が投下されている領土の併合という膨張政策は、資本と労働力の絶えず増大する損失を防ぎ、国民経済の中では不要となった諸力を国民経済のものとしてなおかつ維持し得る唯一の手段だと思われた」（二・四七頁）。

そこで、モッブと資本との同盟、「過剰資本と過剰労働力との新しい同盟」（二・四八頁）は、南アフリカで「ダイアモンド鉱床と金鉱が発見」されるなどしたことを皮切りに、本格的な展開を見せてゆく。

「大都会のモッブが、暗黒大陸へとやって来た。そしてこの時から十九世紀の異常な資本蓄積が生み落としたモッブが、生みの親のあらゆる冒険的探検旅行について廻ることになる。それは利潤の多い投資の可能性だけを求めての探検だった。過剰資本の所有者は、世界の各地各方面から押し寄せた過剰労働力を利用できる唯一の人間だった」(二・四八頁)。

こうして、「永続的膨張」という帝国主義の冒険の無限性に「万人に共通な国民的利益の中にネイションの救い」を見ることになった。「このことが、ヨーロッパのナショナリズムがなぜあれほど簡単に帝国主義に染まっていったかの理由である」(二・五一頁)とアーレントは述べている。

もう少し、立ち入った分析をするなら、こうだ。

「国民国家は、異民族の統合に適さないだけに、異民族を抑圧してしまおうとする誘惑がそれだけ強かった。ナショナリズムと帝国主義は理論上は深淵によって隔てられているが、実際にはこの深淵は人種的もしくは種族的ナショナリズムによって幾度も橋をかけられている」(二・五一頁)。

アーレントは、帝国主義者は自分たちは政党を超越し、「国民全体を代表している」と表明していたという。そして「このことは特に中欧および東欧の大陸帝国主義について言える」とし、その理由として「海外帝国主義の国々、なかんずくイギリスでは、富みすぎた者と貧しすぎる者との同盟が成立したのは海外領土に限られていた。しかし、ドイツのように地球分割に大して与かれなかった国や、ましてオーストリアのように全く領土を得られなかった国では、資本とモッブの同盟は本国自体の中で成立し、国内政治に直接影響を与えるようになった」と展開する。

このイギリスとドイツの違いは、「資本の過剰→資本の輸出」のタイプが違うという問題と対応していると本論論者（渋谷）は考える。それは、宇野弘蔵によって指摘された「帝国主義論の方法について」という問題である。

「『独占』にしても僕は、それを単なる『独占』としてでなく、『組織的独占』とか、『独占体』ということばで表わしたわけです。もちろん、僕もイギリスにおける独占企業の出現を否定するものではありません。しかしそれはドイツのように大銀行との聯関をもった『独占体』と一様に扱うことはできないと考え、むしろ後者（ドイツ――引用者）にこそ金融資本の典型が、しかもその積極的な面が認められるものと思ったのです。イギリスの場合は、これに対して『資本の輸出』にその金融資本化の根拠が求められる。したがって、同じ金融資本にしても、ドイツの場合のように直接産業企業と大銀行との金融資本的一体化による『独占』は認められないといってよいのです」（宇野弘蔵「帝国主義論の方法について」、『「資本論」と社会主義』、岩波書店、初版一九五八年、二〇〇五頁）。

「証券投資乃至株式会社制度の普及にともなう『資本の過剰』」の解決としての「資本の輸出」と、「証券による直接投資」をなす、「金利生活者的な『資本の輸出』」の区別が必要であり、先ず「後者が、先ず『世界の分割』を主として行い、前者がこれに対して『再分割』を要求するという点に、今世紀（二〇世紀――引用者・渋谷）初頭の帝国主義の対立が見られることになったのではないか」（前掲、二二〇頁）ということとして、それはある。

つまり、モッブと資本の同盟がイギリスの場合、海外領土でのみ展開されたということは、海外投資を主とした過剰資本の処理の様相に対応している。またドイツの場合、その同盟が、国内の政治に影響を与えた、だから、国内の産業構造に影響を与えたのは、「資本の過剰」の国内での処理として、ある国内産業構造と大銀行との一体化による資本蓄積の様相を、まさに作り出した場所で、モッブと資本の同盟が成立したということをそれは意味している。つまり、それは、過剰資本の様相の違いに規定されておこったと、考えることができるだろう。

アーレントは、モッブは全階級からうみだされた「階級脱落者」であり、「工業労働者」とも、「下層の貧民」とも違う。だから、「モッブにおいては階級差が止揚されているかのように見え」「失われた民族――ナツィ用語で言えば『民族共同体』――であるかのように思われた。本当はモッブは民族の虚像、カリカチュアなのである」。ナツィの全体主義支配は、このモッブを支柱とした専制政治として成立しつつ、政権獲得後は、「最初の指導層を生んだモッブ分子をも権力掌握後には抹殺してしまった」と展開している。

アーレントは、帝国主義の成立の契機と特質をつぎのようにモッブという社会現象から特徴づける。「原因、すなわち安全な利潤の多い投資のためにモッブを必要とした過剰資本が、それまで良き伝統に覆い隠されながらもつねに市民社会の基本構造の中に存在していた一つの力を解き放つ梃子となったのである。あらゆる原則とあらゆる偽善を払い去った暴力政治は、あらゆる原則から自由になった大衆、国家の救済活動と救済能力を凌ぐほどの数に達した大衆を計算に入れることができるようになったとき、はじめて実現可能となる。……このモッブが帝国主義的政治家によるほかは組織され得ず、人種教義以外によっては鼓舞され得ないということは、彼らの生れが市民社会であることを明瞭に示している」というわけである。

まさにそのことは、国民国家の異分子に対する排外主義・市民社会のブルジョアアトミズム（個人主義・競争主義）・国民国家膨張→帝国主義・種族的ナショナリズム（人種思想）という一連関をしめすものに他ならない。

●――種族的ナショナリズムとしての「血」の思想

アーレントは、この人種思想の形成は、「膨張帝国主義」の出発点としての「アフリカ争奪戦」（一八八四年、ベルリン会議に至るヨーロッパ諸国の争奪戦）が決定的な規定力となったとのべている。それは「アフリカに根を下ろしていた人種思想は、ヨーロッパ人が理解することはおろか自分たちと同じ人間と認める用意さえできていなかった種族の人間とぶつかったとき、その危機を克服すべく生み出した非常手段だった」（二・一〇五頁）というものだ。そうした脈絡をヨーロッパの人種思想はもっている。

そのような人種思想の土壌の中で、「種族的ナショナリズム」を問題にするとき、アーレントの立論では、「汎民族運動」と「大陸帝国主義（ドイツやロシアなどの）」との関係が重要だ。

汎民族運動とは何か。アーレントは、それは帝国主義時代よりも古い歴史を持つが、それが、明確に政治運動化したのは、帝国主義時代になってからだという。

「汎民族運動は帝国主義より早く成立し、より複雑な歴史を持っている。一八七〇年頃には曖昧な形而上学的親スラブ理論からすでに一つの政治運動が生まれているし、十九世紀半ばのオーストリアには反ハプスブルグ的汎ドイツ主義がはびこっていた。しかしこれらの活動が政治的害毒を流し始めたのは八十年代の半ば、西欧の帝国主義的膨張が地球再分割に大成功を収め、東欧および中欧はそこから締め出しを喰らわされたときである。こうした状況にあって特に中欧諸民族は、自分たちにも『他の大民族と同じく拡張する権利があり、もし海外でその可能性が阻まれるならヨーロッパの中でそれを実行するほかはない』と考えた。汎ドイツ主義と汎スラブ主義は、『大陸国家』に住む『大陸諸民族』は弱小民族のいる『中間地帯諸国』を分け合うべきだという点で意見を同じくしていた。ここに初めて地政学的考えが生まれたのである」（二・一六二頁）。

汎民族運動から生み出されていった、大陸帝国主義は、イギリスなどの海外帝国主義に対する対抗として形成されたが、その根拠は、植民地従属国に対する支配の欲求から起こったとアーレントは説明している。

「ある著名な親スラブ的評論家が、『吾は海の支配者たらん』という言葉に表現される『イギリス的理念』と『吾は陸の支配者たらん』という『ロシア的理念』を対置させたのである。しかしこれらの理念が政治的意味を獲得したのは帝国主義時代になってからで、すべての海洋民族のきわめて実質的な権力拡大を目前に見ながら地球再分割に加わり損ねた諸民族が、『一般にも、特にわれわれドイツ人にとっても……海に対する陸の限りない優位……海洋勢力に対する大陸勢力の遥かに大きい意味、海の力を凌ぐ陸の力』を理論的にも発見したときのことである。

イギリスに対する一種の競争上の嫉妬から出たこのような空論より重要なのは、海外帝国主義の場合に本国と植民地の間の海が保証してくれたような距離が大陸帝国主義にはなく、そのため帝国主義の方法と支配観念の諸結果がはね返り効果を俟つまでもなく直接ヨーロッパ自体の中で感じられるようになったことである」（二・一六二〜一六四頁）。

汎ドイツ主義は、優越民族としてのドイツ民族の他民族に対する支配の正当性の主張だ。アーレントは次のように、それを述べている。

「汎ドイツ主義者は、直ちに提案を行い、『われわれのもとに暮らしている血統の異なるヨーロッパ人、すなわちポーランド人、チェコ人、ユダヤ人、イタリア人等々を奴隷の地位に就しめること』――これは海外帝国主義が他大陸の原住民に振当てた地位だが――あるいはそれが不可能なら奴隷民族をヨーロッパに輸入すること――いずれの場合も『支配民族たるドイツ人』を自国において被抑圧民族の上に立たせることが狙いだった――を主張したばかりではなかった。人種概念自体が彼らにあっては強化され一般化された意味を与えられたのである。……人種イデオロギーを直接政治に転化し、『ドイツ人の将来は血にかかっている』ことを疑問の余地のないこととして主張する役割をはじめて担ったのは、大陸帝国主義だった」(二・一六四頁)。

その汎ドイツ主義の特徴は、「拡大された種族意識」にある。

「『国家』と国民意識に対立するものとして、歴史、言語、居住地とは関わりなく同一民族の血をひくすべての人間を包括すべき『拡大された種族意識』を持ち出したのである。ここにはすでに、後にナッィによって立法化される"Volksfremde"(「他国権力のもとにあるドイツ血統の人間」――原注)と"Staatsfremde"(「ドイツに住む非ドイツ人」――原注)との区別も現れている。要するに大陸帝国主義は、おそらく海外帝国主義への反動として成立したことによるのだろうが、海外帝国主義の場合のように植民地での経験を経ることなしに最初から人種主義の方向をとり、十九世紀が伝えた人種世界観を遥かに熱狂的にまた意識的にわがものとしたのである」（二・一六四頁）。

その「拡大された種族意識」の根拠は「血」にもとめられた。

「種族的ナショナリズムは中欧および東欧のすべての国と民族の国民的感情を決定的に規定し形成するものとなった。……ただ『拡大された種族意識』に基づいたナショナリズムのみが、人間を世界において例外的に相互に区別するだけの国民性を、精神の内部の問題になしえたのである」（二・一六九頁）。

例えば、フランス人の中には「フランス型のショービニズム（排外的な愛国主義）」をもっている人がいるが、それは「栄光」「偉大さ」の誇示であっても、「他国に生まれ育ちスランス語もフランス文化も知らぬフランス系の人間でもその『血』の神秘的な特質の故に生まれながらのフランス人だ、とまでは主張しなかった」（二・一六九頁）ということである。だが、大陸帝国主義は、そう主張する。

なぜか。ショーヴィニズムと、種族的ナショナリズムの違いが決定的なポイントとなる。
アーレントは次のように言う。ショーヴィニズムは、「あらゆる分野において国民が実際に成し遂げた業績を問題にしている。これに対し、種族的ナショナリズムは、「人間精神を普遍的な民族的知性の『具現』と見做そうとしている点にある」（二一・一六九頁）。だがそれは「精神」とは何ものか？　抽象的で、具現する物象がさだかではないものだ。だから「この欠点を補うために、精神と肉体のいわば逢引の場となるべき『血』が担ぎ出されたのである」。これはショーヴィニズムがもっている現実的根拠とは違い、「現実には存在しない架空の観念を拠りどころとし、それを過去の事実によって立証する試みさえ全くせず、その代わりにそれを未来において実現しようと呼びかけるのである」。それにはわけがある。

過去の歴史は「大抵は自分たちに相応しくない現在であり過去」だからだ。「伝統、政治的諸制度、文化など、自民族の目に見える存在に属する一切のものを基本的にこの『血』という虚構の基準に照らして測り断罪するという点こそ、種族的ナショナリズムを他と識別し得る特徴である」（二一・一七〇頁）。

この場合、政治的なディスクールとしては、どういうことが言えるか？

「自分の民族が『敵の世界に取り囲まれて』『一人で全部を敵とする』状態におかれているという主張である。この立場からすれば、自分と他の一切との相違以外にはおよそ相違というものは存在しなくなる。種族的ナショナリズムはつねに、自分の民族は唯一独自の民族であり、その存在は他民族の同権的存在と相容れないと主張する。この種族的意識は、人間の本質の破壊に利用──ある意味では悪用──されるに到る遙か以前に、あらゆる政治を規制する理念としての統一的人類の可能性を理論的にも心情的にも否定してしまっていた」（二一・一七〇頁）。

まさに「血」という虚構を根拠とした選民思想＝帝国主義的種族主義といえるだろう。

●――ナショナリズムと「人権」の幻想性の露呈

そして、こうした強権的・宗派的ナショナリズムの他方で、国民国家の帝国主義的膨張を要因として生み出された戦争と、これに対する革命から、大量の「無国籍者」が生み出され、国民国家の秩序では、そのすべてを包摂しきれないところから、人間が人間であることを根拠に無条件に保有するとされてきた普遍的価値としての「人権」が破壊される、あるいは、その「普遍的」という幻想性をはぎ取られるという問題が、欧州において、生成していった。

そこでアーレントは「人権」思想の相対化を試みている。

「歴史的に見れば明らかに、宣言されるまでに幾千年を要した人権は決して奪うべからざるものでも譲渡することのできぬものでもなかった」。「人権を実現できるのは……国民主権だけだと考えられた。フランス革命が人類を諸国民の家族として把握していた限りでは、人権の基礎となる人間の概念は個人ではなく民族を指していたのである」（二・二七三頁）。

アーレントは、人権は歴史的に見れば個人ではなく、民族という「共同体」に実際的には対象化された概念だという。

「こうして人権を国民国家において実現される人民主権と結合させたことの真の意味が初めて明らかになったのは、ヨーロッパのただ中にいながらあたかもアフリカ大陸の荒野に悲運にも放逐されたかのように、人間としても民族としても基本的権利を全く保証されない人々や民族集団が続々と現れるようになったときである。……人権について語るとき、この権利はあらゆる政府から自立した権利であり、あらゆる人間に具わる権利としてすべての政府によって尊重されるべきだと考えてきた。ところが、政府の保護を失い市民権を享受し得ず、従って生まれながらに持つ筈の最低限の権利に頼るしかなくなった人々が現れた瞬間に、彼らにこの権利を保証し得る者は全く存在せず、いかなる国家的もしくは国際的権威もそれを護る用意がないことが突如として明らかになった」。

これは「主権の侵害を警戒する」国民国家の側だけでなく、「被保護者」の側も、「国家のものではない保護を認めようとせず、単なる人権(「言語上、宗教上、および人種上の」権利)の保護に対してきわめて深い不信を抱いていた」(二・二七三頁)。

つまり、国民国家の立場からすれば、普遍的人権の擁護が、大量の移民を認めることを通じて、国家主権が侵害されるような事態、例えば国民国家が多民族国家化を深める(国民国家として排外すべき異分子を認める)と同時に「昔から定住していた外国人に脱同化の傾向が生まれる」(二・二五八頁)等々の社会的不安要因が形成されることになる。同時に、被保護者の側も、抽象的な人権保証よりも、具体的な国家の保護を望んだ。その例としてアーレントは、次のような事態を挙げている。

「彼らは国際連盟への提訴という方法はとらず、ハンガリア人やドイツ人の場合のように民族上の『故国』の保護を求めるか、あるいはユダヤ人の場合のように自民族の国際的連帯とそこから生まれた非公式の連携組織に頼るかのいずれかの道をつねに選んだ」。

この状況は、「状況が悪化するほど」急進化し、「第二次世界大戦勃発の直前にはイタリア領チロルに住むドイツ少数民族の七五％がドイツへ『送還』されることを要求している。ユーゴスラビアのドイツ少数民族からも同じ要求が起こっているが、彼らは、『十四世紀以来、スロヴァニア民族の中で暮らしてきた』人々だった」。等々、「自発的な国外追放」の運動が起こっていった。問題のポイントは「これらどのグループも、自分が生まれと民族的帰属によってその支配に服す国家が保証してくれない限り基本的人権などを信用してはいなかった、ということなのである」（二・二七四頁）。

まさに「無権利状態とは、……この状態に陥った者はいかなる種類の共同体にも属さないという事実からのみ生まれている」（二・二七九頁）ということであり、「人権の喪失が起こるのは通常人権として数えられる権利のどれかを失ったときではなく、人間世界における足場を失ったときのみである」（二・二八〇頁）ということになったわけである。

まさにこうして、普遍的人権としての人権思想も、その普遍性を表明していた幻想性をはぎ取られていった。まさに、かかる個人主義的人権思想の破産と、種族的ナショナリズム＝民族共同体の「血」の思想の展開という中で、いよいよ全体主義が台頭してゆくことになる。

第三節　第三巻「全体主義」を読む

●──政治的階級秩序の崩壊と「大衆」の登場

この第三巻では、ナツィと並列して、スターリン体制時代のソ連共産党が全体主義の一つのタイプ──ナツィと同等の──として論述されている。本論論者も、基本的にその方法に賛成だが、ここでは本論の目的上、ナツィに絞ってノートをとることにし、スターリン主義については、別稿の論文として、共産主義運動の中での全体主義の問題として、個別にとりあげる機会にゆだねたいと考える。

「全体的支配は大衆運動がなければ、そしてそのテロルに威嚇された大衆の支持がなければ、不可能である」（三・二頁）。

「全体主義のプロパガンダ──これは全体的支配の成立以前から使われ、全体的支配期の或る時点まで続くのだが──は確かに嘘だらけには違いないが、決して秘密めかしてはいないからである。全体主義の指導者は、自分の過去の犯罪を比類のない率直さで自慢し将来の犯罪を比類のない正確さで『予告』することで、出世のスタートを切るのが普通である。彼らは、『暴力行為を讃嘆するような口調で語ること、それは下劣ではあるが利口なやり方だ』というモッブの本性に対する昔の認識が今なお妥当だと信じ、これを幾度も実地に試してみた。ナツィが権力掌握前から公然とポテンパの殺人を誇ったことにしろ、……現代の大衆がこの点ではあらゆる時代のモッブと同じ反応を示すことを、このデマゴーグたちはよく知っていたのである」(三・三～四頁)。

＊　ポテンパの殺人……一九三二年、オーバーシュレージェンの村ポテンパで、五人のナツィ党員が、ピートルツフという共産党員を虐殺した事件。

「しかし全体主義の指導者は単なるデマゴーグではないし、彼らの成功がわれわれの不安をかき立てる理由は、彼らがモッブの本能に訴えるという点にあるのではない。現代の大衆をモッブから区別しているのは彼らの没我性と自分の幸福への無関心であって、これは現代の全体主義的な大衆組織においてきわめて顕著に示されている」(三・四頁)。

そしてアーレントは、犯罪の被害者が、外部の敵対者などに対して加えられた犯罪に動揺を感じないだけでなく、それと同様に、被害者が自分たちの仲間であっても「同じ冷淡さをしめすこと」、いやそれ以上に、「自分自身が犠牲者となった場合でも運動の信奉者は確信を揺るがさない」で、むしろ、自分自身に対し、それが権力者による、でっちあげであったとしても自分が犯した犯罪の「証拠資料を集めようとした」。そういう作風が全体主義運動の特徴としてあるということを、述べている。

「狂信の徒となったメンバーたちは、……自己を運動にあまりにも一体化させ運動の法則に余りにも完全に適合させせたため、あたかも経験をするという能力が全く失われてしまったかのようであって、……死の不安さえ覚えることがなくなってしまうのである」（三・五～六頁）。

こうした集団心理を形成した大衆とは、どのような存在か、ということだ。

「全体主義運動は大衆運動であり、それは今日までに現代の大衆が見出し自分たちにふさわしいと考えた唯一の組織形態である。この点だけからしても運動はすべての政党と異なっている」（三・六頁）。

「ヨーロッパの大衆は、すでにアトム化していた社会の解体によって成立した。この社会においては、個人間の競争とそこから生ずる孤立感の問題を一定の限度内に抑えていたものは、各個人は生まれと同時に一つの階級に属し、成功や失敗とは関わりなくその階級を故郷として終生そこに留まるという仕組みだけだった。……国民国家の階級社会に記憶を通じて強く結びつけられていた間は、彼らはファナティシズム（狂信、熱狂——引用者）やショーヴィニズムの色の特別に濃いナショナリズムに迷い込んだ。まさにナショナリズムこそ、あらゆる階級対立を超えて国民を統一する接着剤だったからである」（三・二二一〜二二三頁）。

「大衆」は、この階級社会の秩序が、帝国主義的膨張と体制的危機の中で「解体」することによって、形成された、アトム化した諸個人である。

全体主義の大衆指導者は「古いモッブ層」の出身者であったが、かれらが「大衆」と結びつくことができたのも、「現代の大衆がそれ以前の大衆社会と本質的に異なる点、すなわち、共同の世界が完全に瓦解して相互にばらばらになった個人から成る大衆だという点である」。アーレントは現代の大衆社会に特有な個人化とアトム化が全体主義的な支配の成立にとって必要不可欠な条件だったとのべている（三・二二四頁）。

そして、大衆は「全体主義のプロパガンダ」によって、全体主義運動に組織されるようになった。この場合、ポイントは、後述するように「シオンの賢者の議定書」、「フリーメイスンの世界陰謀物語」などが材料になったが、「これらの説は、どんな装いをまとって登場したにせよ、すべて同じ狙いを持っていた。すなわち、公式に知られた歴史は欺瞞であって、その背後には真の支配勢力が潜んでおり、全世界の目を欺くためにこの目に見える歴史」を利用しているにすぎないと立証することであった。

「全体主義運動の魅力は単にスターリンやヒットラーの嘘を吐く名人芸にあったのではなく、彼らが大衆を組織し操作して自分たちの嘘を現実へと変え得たという事実にあった」（三・五一〜五二頁）。

プロパガンダの魅力である。こうした全体主義の神話は、これから見るように、大衆に「本当の世界を示し」、理想の世界が全体主義運動の内部にあると確信させ、そうした絶対の世界観でもって、個人と組織を運動として一体化させ、他者をテロルで排斥するそういう運動として展開して行くのである。

●——全体主義のプロパガンダ

「社会のモッブとエリット分子に対して全体主義運動が揮う魅力はプロパガンダとはほとんど無関係であって、それはなかんずく、既成のものすべてを革命とテロルの嵐の中に投げ込むように約束するかに見える。あの激しいエネルギーに満ちた行動力が与える魅力である。それに反して大衆はプロパガンダによってしか獲得できない」（三・六三頁）。

「プロパガンダがいかにむきになって物質的利害に訴えようと、相手が大衆的人間であっては何の効果もない。大衆の基本的特徴は、彼らはもはや何らの社会的組織にも政治体にも属さず、他の形に変換できない個別的な利害の真の混沌を示している、という点にあるからである。

この変換不能な個別的利害をいかに大量に寄せ集めようと、階級的利害や国民的利害といった総体的利害は決して生まれず、むしろ利害が大衆の中で相互に相殺し合う。それ故に大衆的人間には、普通の政党の党員の忠誠心とは明白に異質な、自分の生命を犠牲に捧げることさえ厭わないあのファナティックな献身が可能なのである。ナツィは『勝利か破滅か』というスローガン――これは第一次世界大戦の戦争プロパガンダが慎重に使うことを避けたスローガンだった――によって一民族全体を戦争に引きずり込むことが可能だということを立証した。しかもそれは全般的貧困と失業の時代ではなく、国民的野心の挫折した時代ですらなかった」（三・七四頁）。

この場合、全体主義運動のプロパガンダにとって、イデオロギーが肝となるのだが、それは、どういう種類のイデオロギーか。

「（運動にとって重要なのは）あらゆるイデオロギーが自らの主張にまとわせているあの独自の衣、すなわち、一切を知り尽くした誤ることのない予言という形式のみである」（三・七五頁）。

この「無謬性」は、「大衆指導者の基本的属性」としての「無謬性」であるが、それは「知性の標識」というよりは「絶対に信頼し得る歴史」とか、「自然の力との同盟の標徴」と看做されるものだと、アーレントは言う（三・七五頁）。

それはなぜ、必要だったのか。

「この力はいかなる場合にも最後には必ず自己を貫徹する筈であるから、敗北や破局によって否定される惧れはない。そこで大衆指導者は自分の予言が正しかったことを絶え間なく証明することにのみ心を砕き、この唯一の関心事の前では、純粋な有用性の考慮などすべて色あせてしまう。それ故に、ナツィにとっては、全党員に総統の無謬性を信じるべく義務づけることが……重要だったのである」（三・七五〜七六頁）。

そこで、大衆指導者が「彼は歴史もしくは自然の予言可能な力の注釈者に過ぎないということのポーズがもたらしためざましい成功は」、非全体主義世界には容易に理解できない「政治的発言の一つの型を生み出した」（三・七六頁）。

それが例えば、「一九三九年一月三十日にヒットラーが『大ドイツの最初の帝国議会』で行ったあの告知である。……『国際的ユダヤ人財閥が……諸民族を再び世界戦争に突き落とすことに成功したりすれば……その結果は……ヨーロッパのユダヤ人種の絶滅となる』であろう」（三・七六頁）という戦争の宣言だった。

「大衆は目に見える世界の現実を信ぜず、自分たちのコントロール可能な経験を頼りとせず、自分の五感を信用していない。それ故に彼らには或る種の想像力が発達していて、いかにも宇宙的な意味と首尾一貫性を持つように見える見えるものならなんにでも動かされる。……大衆を動かし得るのは、彼らを包み込んでくれると約束する、勝手にこしらえ上げた統一的体系の首尾一貫性だけである」(三・八〇頁)。

そこで、反ユダヤ主義の、この大衆にとっての特別な意味を、解明することが必要だと、アーレントは展開して行く。

ナツィは、反ユダヤ主義を、単に、ユダヤ人に対してとる態度以上の問題にした。つまり、党員になる人たちに「非ユダヤ系血統証明」を取る義務を負わせた。それにより、反ユダヤ主義は「党員一人一人にとっての内的問題、彼個人の存在に関わる問題となった。血統に汚点のないことが立証できない者は決して党員になれず、党員はナツィの階級制度の中で昇進すればするほど血統の純度を昔に遡って証明しなければならなかった」(三・八六～八七頁)。

つまりこれは、個人のナツィへの〈規格化・区画化〉であり、反ユダヤ主義といったものが、党員一人一人の主体形成論的テーマとなることを意味する。

「ナツィ・プロパガンダの真の新しさは、反ユダヤ主義を自己規定の原理としたこと、そしてそれによって反ユダヤ主義を絶えず変動する意見の奔流から切り離してしまったことである。大衆デマゴギーはこのための一つの準備にすぎ」(なかった)。「アトム化され、定義しえない存在となり、実体を失った個人からなる大衆にとっては、これは自己確認の一手段が与えられたことを意味した。……新しい自己確認の与えてくれる見せかけの安定性を得た者は、ナツィ組織に加入するのにきわめて有利な資格を得ることにもなったのである」（三・八七～八八頁）。

同時にヒトラーたちは「大衆」が、例えば「シオンの賢者の議定書」を、どのように考えているかを、発見したと、アーレントは分析する。ここが重要なところだ。

それまでは、「議定書の眼目は何といってもユダヤ人迫害であって、それ以上の政治的野心に利用されたわけではなかった。ナツィは、大衆はユダヤ人の世界支配を恐れるよりむしろこの世界支配者といわれる連中の手腕に関心を持っているということを最初に発見した第一人者だったと言える。彼らは、議定書の異常な人気の所以はユダヤ人憎悪ではなく、むしろユダヤ人への讃嘆と、彼らから学びたいという願いだということに気がついたのである」（三・九〇頁）。

アーレントは事例を挙げ、たとえば、ヒトラーは「ドイツ民族を益することはすべて正しい」という言葉を言ったが、それは「ユダヤ人を益することはずべて道徳的かつ神聖である」という句の言い換えだと述べている（三・九〇頁）。

だが、そういうレトリックにとどまらない、ひとつのオルグ・イデオロギーを表明するものにほかならなかった。

「ナツィ・プロパガンダは、『ユダヤ人』を世界支配者に仕立て上げることによって、『最初にユダヤ人の正体を見抜いて戦った民族がユダヤ人の世界支配の地位を引き継ぐだろう』ことを保証しようと狙った。現代のユダヤ世界支配のフィクションは、将来のドイツ世界支配の幻想を支える基盤となったのである。ヒムラーが『われわれに支配の秘訣を教えたのはユダヤ人である』、それも『総統が暗誦するまでに学んだ』議定書のおかげであると断言したのは、この意味だった。反ユダヤ主義がナツィ・フィクションの中心に動かし難く据えられた理由はこれ以外ない」（三・九二頁）。

そこから、ナツィは「民族共同体」の神話をつくりだしてゆく。

「ナツィは『シオンの賢者』を範として世界征服を目的とする一民族全体の組織を考え、それをプロパガンダ的に民族共同体なる概念にまとめあげた」（三・九三頁）。

アーレントはその「民族共同体」は、ドイツ人の「絶対的平等」と、他のすべての民族に対する「自然的＝肉体的な優越性」に基づくと同時に、「ユダヤ民族に対する絶対的敵意に基づいて築かれるべきものとされた」と論じている（三・九三頁）。

そして、権力掌握後、この「民族共同体」は、ナツィのエリット部隊に「他の民族の『アーリア人』をも迎え入れようとする動きが強まった」ことなどにより、「民族共同体はアーリア人種社会のプロパガンダ的準備に過ぎず、このアーリア人種社会は最後にはドイツ民族も含めてすべての民族の息の根を止めるものとなる筈だった」（三・九四頁）。

だが、ここでは、あくまで「民族共同体」が土台にあるポイントである。それは次のようなことを、意味した。その意味は「血族共同体」がどれだけ拡張された概念になってもかわらない構成体の特質を示しだすものに他ならない。

「大衆の耳に、そして大衆以前のモッブの耳に聞こえたことといえば、（共産主義プロパガンダの――引用者）階級なき社会における一切の社会的差異と富の差異の平均化は、どう見てもみんなが熟練労働者の身分になるところまで行くのが関の山だということだけだった。それに引きかえ民族共同体のほうは、世界陰謀と世界征服を言外に匂わせることによって、すべてのドイツ人は最後には工場所有者の身分になれるとの期待を抱かせたのである。大衆とモッブにとっては、民族共同体は国民社会主義の社会政策のシンボルだった。それも完全に、ヒットラーが定式化した次の言葉のような意味においてである。――『将来の社会政策がどのようなものになるか……それを諸君に言おう。……ドイツ民族は世界の支配層になるべき使命を担っている。……だがそれならば、従えられるべき異種族もまた存在することになる。それらの連中をわれわれは現代の奴隷種族と正しく呼ぼう……。』ナツィ運動にとって大きな意味を持っていたのは、運動の外部の客観的条件によって実現が左右される階級なき社会とは異なり、民族共同体は主要な敵とされたユダヤ人に対する戦いによって結ばれた『宣誓による血族共同体』であるから、それは直ちに運動の中で実現され得る。すなわち一方ではすべての社会的差異の均等化によって、他方では、全員に要求されるユダヤ人憎悪によって実現可能である、という点だった。これによって民族共同体は運動そのものの虚構の世界の名称となったのである」（三・九四～九五頁）。

全体主義プロパガンダが「目的を達成するのは、それが人々を説得したときではなく、組織したときである」（三・九五頁）というわけである。

だからそれは、ナツィ党の「運動」自身が、「民族共同体」を現在の〈場所〉において実現している「永遠の今」ということにほかならなかったのである。

これが、「階級解体」→アトム化→全体主義への人々の吸収という、全体主義ファシズムのアーレントにおける論脈をなすものである。

●――全体主義組織――如何に組織されたか

「全体主義運動が権力奪取前に支持者をどのように組織するかを見るとき、本質的に新しい独創的な組織方法として注目をひくのは、党員とシンパサイザーとの間の区別である。この発明に比べれば通常、典型的に全体主義的なものと看做している他の現象――例えばすべての幹部の上からの命令、また一人の人間による任命権の最終的な独占、いわゆる指導者原理――は二義的な意味しか持たない。指導者原理はそれ自体としてはまだ全体主義的なものではない」（三・一〇〇頁）。

「(ヒットラーは) すでに『わが闘争』の中で、プロパガンダによって獲得した大衆をシンパサイザーと党員とに分けるべきだと提案している。……できる限り多くの同伴者をシンパサイザー・グループにかき集め、他方、党員そのもののほうは可能な限り制限するという結論に彼を導いている。多数のシンパサイザーに囲まれた少数の党員というこの考え方は、本来の前面組織に非常にすでに非常に近づいている。重要な点は、ナツィはこの組織の中の人的資源を軽蔑していたにもかかわらず最初からシンパサイザーを運動の一部として計算に入れ、それ故に、これらの前面組織――この名称は党員とシンパサイザーとの間の本来の関係をきわめて正確に示している――が運動全体にとっては本来の党員層に劣らず重要であることを直ちに理解したという点である。

全体主義運動は前面組織を党員のための防壁として使う。つまり、イデオロギー的虚構と『革命的』道徳に対する党員のファナティックな信仰を、まだ全体主義化されていない外界から来る衝撃から守るための防壁である。同時に前面組織は党員にとって、正常な世界へのよく監視されたかけ橋でもある。この橋がなければ、全体主義運動の勝利前にあっては党員は自分たちの確信と他のすべての人々の見解との対立、イデオロギー的虚構と正常世界の現実との対立を余りに鋭く意識させられることになるからである。権力を求めて運動が戦っている間に前面組織が果たす役割は、単に党員を外界から切り離しておくだけでなく、同時に彼らに対し前面組織が正常世界を代表しているように思わせ、外界の模造品を提供することである。党員を現実世界の侵入から守るには、単なる教義の徹底化やファナティズムよりもこの模造品のほうが効果がある」（三・一〇二〜一〇三頁）。

アーレントは、この「模造品」について、それは、シンパサイザーが党員とは違って、党の見解を「より混乱した形」で抱いている位相をあげている。それは、「党員の信仰を強化する」とのべている。

私見（渋谷）によれば、シンパサイザーの「混乱」（見解の理解についての、不十分な理解や誤解など）は、党員のシンパに対するオルグ対象としての位置づけを強化する。それは、「混乱」を解決しようとするから、「信仰を強化する」ことになるのである。

そのシンパの有り様は「運動の外にある世界全体を代表するものと映る」。それは敵対者と自分たちが烙印を押した者たちを除いては、「自分たちの味方であるという錯覚を抱くようになる」と、アーレントは展開している（三・一〇三頁）。

「前面組織は、党員に対して外部世界の本来の性格を欺くのと全く同じように効果的に、外部世界に対しては運動の本来の姿を隠蔽する役割を果す。シンパサイザーの日常生活はまだなお非全体主義的な世界の中で『正常』なルールに従って営まれているから、最初に外部者の目に触れるのは当然のことながらシンパサイザーである。彼らは大抵はまだ狂信者の印章を与えることはないし、いずれにせよ自分たちの意見はその他の諸意見の一つだと主張することができる」。だが、全体主義の前段には、「あらゆる論議が全体主義的な要素に毒されるまでになる」一連の経緯をたどってゆくことになるとアーレントは展開する」（三・一〇四頁）。

アーレントは、こうした「党員」と「シンパサイザー」を別々に組織することは「偶然に生まれたものらしく」、全体主義の「闘争の条件から自然に成立したようである」とかいているが、それは、アーレントが論述しているように全体主義の概念に、ボルシェビキを入れた場合は、認識不足だという以外ないだろう。

一九〇四年、レーニンは、メンシェビキとの論争の書である『一歩前進・二歩後退』（レーニン全集、第七巻所収）を発表した。そこで、〈組織の秘密性〉だけでなく、〈意思統一の階層性〉を提起したものとして、次のような階層構造が、革命党には要求されると書いている。現に、ボルシェビキ党は、次のように、組織されていった。

レーニンはつぎのように中央集権を示した（これは「一同志にあたえる手紙」というレーニンの既出の政治文書からの、レーニンによる引用として書かれているものである）。

「（一）革命家の組織、（二）できるだけ広範で多種多様な労働者の諸組織（私は労働者階級だけに話を限っているが、他の階級のある分子もまた一定の条件のもとでここにはいることはいうまでもないことを前提している）。この二つの部類が党を構成する。さらに（三）党に同調する労働者の諸組織、（四）党に同調はしていないが、事実上党の統制と指導に従っている労働者の諸組織、（五）ある程度まで――すくなくとも階級闘争の大きな現われの場合には――同じように党の指導に従う、労働者階級の未組織の分子」。

こうした階層構造をレーニンは提起している。こうしたレーニンの示した中央集権主義の組織編成は、その組織のイデオロギー、目的、使い方などによっていろいろなベクトルを画くものだ。形式としては、それだけでは、非常にニュートラルなものだと私は考える。

アーレントは次のように、かかる階層構造を説明する。

「党員がシンパサイザーによって外部から隔離されると同時に外部と繋がれているのと同じように、運動の精鋭組織は一般党員によって非全体主義的な周囲から守られると同時にそれと繋がれている。党員から見たシンパサイザーがそうであるのと全く同様に、精鋭組織のメンバーから見た一般党員は不徹底である。つまり運動に真にトータルに結びついていない。一般党員は職業生活や社交生活を依然として非全体主義世界の中で営んでいる」。

一般党員は、党を防衛する覚悟ができているにしても、「党の本来の戦闘的グループの目には無害な市民性の権化と映るのである」(三・一〇五頁)ということになる。

こういうのを宗派というのだが、この宗派には「指導者」が存在する。

「運動の中心には、運動を動かすモーターとして〈指導者〉(デア・フューラー)が坐っている」(三・一一六頁)。それは、指導者の側近にとりかこまれており、指導者は彼らの存在によって精鋭組織とも距離をとっている。その位階制は指導者と教養の「奥儀」(肝要な事項、奥意)に精通した側近を頂点とした者たちを最上層として、例えば精鋭組織——一般党員——シンパサイザー——外界という三角錐を形成した階層構造が全体主義組織の特質に他ならない。
この場合、秘密結社では、結社以外のものはすべて敵となり、「ナツィによるこの原則の適用では、家系図の検査を受けない者はすべて劣等人種に属す、ということになる」（三・一二二頁）。
また、この場合、アーレントは全体主義組織の特質を次のように総括する。

「秘密結社にあってはこの要素は秘密保持という客観的な組織上の必要から生じているのに対し、全体主義運動はこの組織上の必要を逆にイデオロギーから展開させていることである」（三・一二三頁）。

●――テロル支配――全体主義は社会を如何に組織したか

こうして全体主義運動に奪権された国家としての全体主義国家の特徴は、社会を画一化し・運動のイデオロギーに合うように規格化するための強制・テロル支配を組織することであるとアーレントは言う。

「全体的支配は無限の多数性と多様性を持ったすべての人間が集まって一人の人間をなすかのように彼らを組織することを目指すのだが、すべての人間を常に同一の反応の塊に変え、その結果これらの反応の塊りの一つ一つが他と交換可能なものとなるまでに持って行かないかぎり、この全体的支配というものは成立し得ない。ここで問題なのは、現に存在しないもの、つまりその唯一の〈自由〉といえば『自己の種を維持する』ことにしかないような種類の人間といったものを作り出すことなのだ。全体的支配は精鋭組織に対するイデオロギー教育と同時に収容所における絶対的テロルによってこの結果に到達しようとする。その場合残虐行為の実行に遠慮会釈もなく充てられるのは精鋭組織であるが、この残虐行為は謂わばイデオロギー教育の実践的な延長、また彼らが自分の力を実証する試金石であり、一方また収容所そのもののなかで演じられる前代未聞の劇はイデオロギーの正しいことの〈理論的〉立証に役立つものとされるのである」(三・二三二頁)。

つまり、〈イデオロギー——即——テロル〉ということだ。全体的支配のための均一的な諸個人の規格化は、まさにイデオロギー教育と組織的実践としてのテロルの相互媒介的、統一的連接的な一体化としての意思統一の連なりそのものである。

そうした中で、おこなわれたユダヤ人に対する、強制収容所・絶滅収容所といったものは、単にユダヤ人を隔離するとか・抹殺するとかということ以上の意味と目的をもっていた。

「ナツィは彼ら一流の几帳面さをもって強制収容所計画を〈夜と霧〉Nacht und Nebel という項目のもとに記録することにしていた。あたかもその人間がかつて存在しなかったかのように人間を扱うこと、文字どおり人間を消えさせること、こういうやりかたの徹底性は往々にしてちょっと見ただけではわからないこともある」。

ユダヤ人に対しては「その民族の〈淘汰〉が日程に上って」いた（三・二三八頁）。

「自然もしくは歴史の過程の従順な実行者としてのテロルは、人間と人間のあいだの空間——それが自由の存する空間にほかならないが——を完全に無にしてしまうことによって、人間たちを一つにするということをなしとげたのである。全体主義の支配の本質をなすものはそれ故、特定の自由を削り取り除去することでも自由への愛を人間の心から根絶やしにすることでもなく、あるがままの人間たちを無理矢理にテロルの鉄の箍のなかに押しこみ、そのようにして行動の空間——そしてこの空間のみが自由の実態なのだが——を消滅させてしまうことにあるのだ」（三・二八一頁）。

「全体主義の支配が専制の近代的形態以外の何ものでもなかったとすれば、この支配は専制と同様に、人間の政治的領域を破壊し、つまりは行動を妨げ無力を生み出すことだけで満足しただろう。（だが、——引用者）全体主義の支配は、この支配に服する人々の私的社会的生活をテロルの鉄の箍にはめた瞬間に真に全体的になる」（三・二九六頁）。

「そして、全体主義的支配は、いつもこの成果を当然ながら誇ってやまない。それによって全体主義的支配は、一方では政治的・公的領域の消滅後にも残っている人間間の一切の関係を破壊し、他方ではこのようにして孤立化され互いに切離された人々が政治活動（尤もそれは真の意味での政治的行動ではないが）に動員され得るような状況を否応なしに作り出す。専制の無力のなかでは、人間は恐怖と不信の支配する世界の内部でそれでもまだ動くことができる。この砂漠のなかでの運動の自由こそ全体主義の支配によって廃絶されるものなのである。全体主義的支配は人々からその行動力を奪うだけではなく、むしろその反対に、まるで彼らが実はただ一人の人間であるかのように、彼らすべてを全体主義政権が企てるすべての行動、その犯すすべての犯罪の共犯者に仕立て、それにともなう一切の結果を容赦なく押しつけるのだ」（三・二九六〜二九七頁）。

まさにテロルが全体主義の社会的エネルギーとなり、社会を作り変える。

本論の最後に、現代の新自由主義経済体制は、労働者階級の階級解体＝個人化・アトム化を促進している。そうした社会的反革命は、全体主義運動という政治的反革命運動に、アトム化・個人化した諸個人を国家秩序のために動くロボットへと規格化し、動員し吸収する社会的条件を作り出す。ヘイトスピーチや右翼暴力と、公安政治警察による労働者人民に対する弾圧、こうした国家権力によるテロルは、やがて、市民社会を、その市民主義的アトミズムを踏み台として、一つの規格化された国家主義秩序へと作り変えようとするベクトルを内包している。

以上を「階級解体と全体主義」のタイトルを持つ、本論の結語としたい。

第四章——「帝国主義論の方法」について

宇野経済学とレーニン『帝国主義論』の異同に関するノート

●——帝国主義「段階」とは、どういう意味か

「帝国主義」という概念を経済学として考えるとき、「帝国主義的独占」ということの内容が、問題とならねばならないだろう。それは、いかに・どのような構造かということだ。これが、帝国主義段階の「段階規定」の核心をなす問いである。

そこで問題とされるべきなのは、これから見るようにレーニン『帝国主義論』での「帝国主義の段階規定」では、まだ、資本主義原理論との間の、「区別」がなされていないようで、なされているわけではないという問題があるのだ。

これを指摘したのが、宇野弘蔵（一八九七〜一九七七）だった。端的には、つぎのようなことだ。帝国主義的「独占資本」の規定をめぐっては、レーニン「帝国主義論」における「独占」概念の分析の方法をめぐり、マルクス経済学者・宇野弘蔵が「『帝国

主義論』の方法について」（『「資本論」と社会主義』、岩波書店、所収、初版一九五八年）で、そのレーニンの帝国主義的独占の概念規定が方法論的に限界があるというよりも、外れていると、指摘した問題である。

それは、レーニンが「独占」を、資本主義の一般的な「資本の過剰・集積」の延長上に「自由競争から独占資本へ」と解いたのに対し、宇野が、帝国主義段階における資本蓄積の特殊段階論的位相がそれでは明らかにできないとして、ドイツ鉄工業と金融資本の直接的一体化による株式会社制度の普及・証券投資の増殖に注目し、イギリスのような「資本の輸出」に金融資本化の根拠を求めることとは区別される、ドイツ（やアメリカ）のような、国内の直接産業企業と大銀行の金融資本的一体化による「独占」体の形成こそが、帝国主義的独占の特殊性の出発点だとした問題、まさに「金融資本が国内の生産過程に直接的に基づいて形成せられた点に」（宇野、前掲）その帝国主義的独占の規定をもとめ、それが、「資本の輸出」の、帝国主義段階における前提として、その上で解かれるべきとした問題としてあるということにほかならない。

だが結論はあせらず、宇野の「帝国主義論の方法について」（一九五八年、『「資本論」と社会主義』、岩波書店、所収）を読むことから始めよう。

「レーニンの『帝国主義論』は、君もご承知のように、その第一章で『独占』を説くのでありますが、それはマルクスが『資本主義の理論的および歴史的分析によって、自由競争が生産の集積をうみだし、そしてこの集積はその発展の一段階では独占をもたらすことを論証した』

（レニン『帝国主義論』邦訳国民文庫版二六頁。以下頁数指示の引用はすべてこの邦訳本による）ということを基礎にしています。この点、僕が最初から所謂重工業のような特定産業における資本集積の増大と固定資本の巨大化とによって、独占を説いているのとは、非常に異なっています。たしかに『資本論』における資本の集中、集積の理論は、レニンの考えるような独占への傾向を説くものといってよいふしがあります。しかし、その点は、実は僕としてはとりえないのです。資本の集中、集積の増進は、一定の段階では独占になるといえば、誰も疑問とするところは内容に考えられますが、よく考えてみると、そういう考えの裏には常に一定の市場を想定し、特定の産業を予想するということがあるのではないでしょうか」

と宇野は言う。

宇野が指摘するポイントを、結論から言うと「帝国主義の根底をなす金融資本による『独占』は、決して原理論的に規定されるような『独占』一般としてでなく、特定の歴史的意味を持ったものでなければなりません」ということである。

まずもって宇野がそこで、レーニンの『帝国主義論』の論述方法を直接問題視して指摘したことは、「『資本論』がその原理論の展開に際してあげる具体的事実は、その内に原理を具体的に示す例証としてである」ことに対し「帝国主義論のような段階論になると、具体的事実はもはや単なる例証であってはならないのです。それはタイプの問題になるのです」ということだ。だが「レニンの『帝国主義論』では、事実がどうも『資本論』と同じように、何か理論の例証として引かれているかのように考えられるふしがある」というのである。

だから、これから後述するように、イギリス、フランスと、ドイツ、アメリカでは、「金融資本」といってもタイプが違うのに、ごちゃまぜに論じており、それによって、後述するように「ドイツが独占的な金融資本の典型的発展を見た国」とはされず、むしろレーニンは、ドイツを「特別扱い」するな、イギリスも、「いくらかおくれて」「別の形態で」「独占をもたらしつつある」としているというわけである。だが、宇野は「ドイツとイギリスの相違は、もっと重視されなければならない」と強調する。ここでは「独占」「金融資本」の在り様がタイプとして違うことが問題とされるべきで、「独占」「金融資本」に、単になっているか、いないかということではない。

また、後述するように、「帝国主義段階に特有な」「資本の輸出」も、「帝国主義的独占」と、それをつくる「資本の過剰」の「特殊の形態を明らかにした上で説かれるべきではなかったか」と、展開する。

まずこのタイプの問題だが、宇野は次のように、ドイツとイギリスのタイプの違いを指摘する。

「僕自身は、一方にドイツをとり、他方にイギリスをとる方法をとっていますが、そしてアメリカはなお第一次世界大戦までは典型的なものとしてでなく、単に補足的に採り上げられるにすぎないものとして扱ったのですが、それはもちろんドイツ、イギリスの両者に共通な金融資本化の傾向は認めながら、その相違を明らかにすることによって、始めて金融資本の意味も明確にされ、金融資本的『独占』も解明されると考えたからです。独占にしても僕は、それを単なる『独占』としてでなく、『組織的独占』とか『独占体』とかという言葉で表したわけです。もちろん僕もイギリスにおける独占企業の出現を否定するわけではありません。しかしそれはドイツのように大銀行との聯関をもった「独占体」と一様に扱うことはできないと考え、むしろ後者にこそ金融資本の典型が、しかもその積極的な面が認められると思ったのです。イギリスの場合は、これに対して『資本の輸出』にその金融資本化の根拠が求められる。したがってまた同じ金融資本にしても、ドイツの場合のように直接産業企業と大銀行との金融資本的一体化による『独占』は認められないといってよいのです」。

「ドイツの場合にはその金融資本が国内の生産過程に直接的に基づいて形成せられた点に、その基本的規定をあたえられるものとした」のだが、それと、イギリスとの相違は、「僕の考えでは、イギリスの資本主義がその蓄積の一部を早くから海外投資に向けてきたということと産業企業の株式会社化が徹底しなかったということとの、相関聯する二つの事実によるものと解しています」ということになる。

宇野はレーニンの「独占」概念が、商品生産と私的所有制の一般的環境↓生産の集積↓独占↓銀行と産業の融合・癒着という形成過程を描いているが、「銀行と産業の融合・癒着」について「株式会社制度の産業企業における普及によってはじめて実現されるのであって、レニンも実際上は株式会社制度の発展によって説きながらその点を明確にしてはいないのです」とする。

宇野の論点は、ここから、レーニンの「独占」概念を導いた論述・分析方法の問題などを細かく論及することになるが、本論としては、まず、帝国主義に特有な「資本の輸出」との関係で、この部分を取り上げることにする。

「ドイツ、アメリカが株式会社形式を極度に利用して資本家的独占組織を発展せしめるのに対して、イギリス、フランスが多かれ少なかれ金利生活者的傾向を示していることを示すと思うのですが、『資本の輸出』という場合にも、この区別が考慮されてよかったのではないでしょうか」。そこから宇野の分析は、レーニンの「資本の輸出」「資本の過剰」の概念問題に入るのだが、ここで、レーニンの「帝国主義」の概念規定について、おさえておこう。

●――レーニン『帝国主義論』における「帝国主義」の概念規定

レーニン「帝国主義論」の基本視座から引用していく。

a. 次の五つの基本的標識を含むような帝国主義の定義を与えねばならない。すなわち、(1)生産と資本の集中が高度の発展段階に達して、経済生活で決定的な役割を演じている独占体をつくりだすまでになったこと。(2)銀行資本が産業資本と融合し、この「金融資本」を基礎として金融寡頭制がつくりだされたこと。(3)商品輸出とは区別される資本輸出が、とくに重要な意味をもつようになること。(4)資本家の国際的独占体が形成されて、世界を分割していること。(5)巨大な資本主義列強による地球の領土的分割が終わっていること。

「帝国主義とは、独占体と金融資本との支配が成立して、資本の輸出が顕著な重要性をもつようになり、国際トラストによる世界の分割が始まり、巨大な資本主義諸国による地球の全領域の分割が終わった、そういう発展段階の資本主義である」（レーニン選集2、大月書店、七五八頁）。

b.「1　生産の集中と独占体」

「マルクスは資本主義の理論的および歴史的な分析によって、自由競争は生産の集中を生みだし、この集中は一定の発展段階で独占に導くということを証明した点……生産の集中による独占の発生は総じて資本主義の現在の発展段階の一般的・根本的な法則なのである」（七〇〇〜七〇一）。「（北アメリカ合衆国では）国の全企業の総生産の約半分が企業総数の一〇〇分の一ににぎられている。そしてこれら三〇〇〇の巨大企業は、二五八の工業部門にわたっている」。

c.「2　銀行とその新しい役割」、「3　金融資本と金融寡頭制」

「生産の集中、そこから生まれてくる独占体、銀行と産業との融合あるいは癒着、――これが金融資本の発生史であり、金融資本の概念の内容である」（選集2、七二三）。「少数者の手に集中され、事実上の独占的地位を占めている金融資本は、会社の創立や、有価証券の発行や、国債等々から巨額の、しかもますます増大する利潤を獲得し、こうして金融寡頭制の支配を強化し、社会全体にたいして独占者へのみつぎ物を課している」（七二八）。「金融資本の主要な業務の一つである有価証券発行の異常に高い収益性は、金融寡頭制の発展と強化のうえできわめて重要な役割を演じている。『国内には外債発行のさいの仲介に匹敵する利益をもたらす事業は一つもない』と、ドイツの雑誌『バンク』は書いている」(七三〇)。

金融寡頭制がもっとも進んでいる国を知るには「証券発行統計、すなわちあらゆる種類の有価証券の発行高の統計によって、判断することができる。『国際統計研究所報』のなかで、A、ネイマルクは、全世界の有価証券発行に関するきわめて詳細な、完璧な、また比較可能な資料を発表している。……この資料によれば、およそ一〇〇〇億から一五〇〇億フランの有価証券を所有している四つのもっとも富裕な資本主義国が、くっきりときわだっていることが、一目瞭然である。これらの四つの国のうち二つは最も古いそしてあとでみるように、植民地をもっとも多くもっている資本主義国、イギリスとフランスであり、他の二つは、発展の速度と生産における資本主義的独占体の普及の制度との点で先進的な資本主義国アメリカ合衆国とドイツである。これら四つの国は合計して四九〇億フラン、すなわち全世界の金融資本の八〇%近くをもっている。それ以外のほとんど全部は、なんらかの形で、これらの国々――国際的銀行家、世界金融資本の四本の『柱』――に対する債務者と貢納者の役割を演じている」(七三四〜七三五)。

d.「4　資本の輸出」

「イギリスのこの独占(世界交易の――引用者)は、一九世紀の最後の四半世紀にくつがえされた。なぜなら、一連の他の国々が、『保護』関税にまもられて、自立した資本主義国家に発展したからである。二〇世紀に入るころには、われわれは他の種類の独占が形成されたのを見る。第一は資本主義の発展したすべての国々で資本家の独占団体が形成されたことであり、第二は、資本の蓄積が巨大な規模に達した少数のもっとも富んだ国々の独占的地位が形成されたことである。先進諸国には膨大な『資本の過剰』が生じた。……資本主義が依然として資本主義であるかぎり、過剰の資本はその国の大衆の生活水準を引き上げることにはもちいられずに――なぜなら、そうすれば資本家の利潤は低下することになるから――外国へ、後進諸国へ資本を輸出することによって利潤を高めることにもちいられる。これらの後進国では利潤は高いのが普通である。なぜなら、資本は少なく、地価は比較的低く、賃金は低く、原料は安いからである。資本輸出の可能性は、一連の後進国がすでに世界資本主義の循環のなかにひきいれられ、鉄道幹線が開通するか敷設されはじめ、工業発展の基礎条件が保障されている等々のことから生じる。また、資本輸出の必然性は、少数の国々では資本主義が『爛熟し』、資本には『有利に』投下される場所がない（農業の未発達と大衆の貧困という条件のもとでは）ということから生じる」（選集2、七三五〜七三六）。

（これらが、↓「5　資本家団体の間での世界の分割」「6　列強のあいだでの世界の分割」への起点にほかならない）。

e.「5　資本家団体のあいだでの世界の分割」

「資本主義のもとでは、国内市場は不可避的に国外市場と結びついている。資本主義は、はやくから世界市場をつくりだしている。そこで、資本輸出が増加し、巨大独占団体のあらゆる対外的および対植民地的結びつきと『勢力範囲』とが拡大するにつれて、事態は『おのずから』これら独占団体の間の世界的な協定に、すなわち国際カルテルの結成に近づいていった。これは資本と生産の集中の新しい段階であ」る（七四〇）。

「金融資本の時代には、私的独占と国家的独占がたがいにからみあっていること、また、前者も後者もともに、実際には巨大独占者たちのあいだで世界を分割するための帝国主義的闘争の個々の環に過ぎない」（七四五）。「国際カルテルは、いまや資本主義的独占体がどの程度に成長したか、また資本家団体のあいだの闘争がなんのためにおこなわれているかを、示すものである」（七四六）。「資本家は世界を『資本に応じ』『力におうじて』分割する」。「資本家団体のあいだには、世界の経済的分割を基礎として一定の関係が形成され、……これにともなって……国家のあいだには、世界の領土的分割、植民地のための闘争、『経済的領土のための闘争』を基礎として、一定の関係が形成される」（七四五）。

f.　「6　列強のあいだでの世界の分割」

「この時期の特徴は地球の最後的分割である。……再分割が不可能だという意味ではなく――それどころか、再分割は可能であり、不可避である――、資本主義諸国の植民政策が、地球上の占有されていない土地の略奪を終えたという意味である」（七四七～七四八）。

「われわれはいま世界的植民政策という独自の時代にあるわけであって、この政策は、『資本主義措ける最新の段階』と、金融資本と、固く結びついている」（七四八）。「資本輸出の利益も、同様に、植民地獲得を促す。……金融資本を基礎として発達する経済外的な上部構造、すなわち金融資本の政策やイデオロギーは、植民地獲得の欲求を強める」（七五四〜七五五）。

g.「7　資本主義の特殊の段階としての帝国主義」

「事の本質はカウツキーが帝国主義の政策をその経済から切り離し、併合を金融資本の『好んでもちいる』政策であると説明し、この政策に、彼によれば同じ金融資本を基礎として可能であるという他のブルジョア的政策を対置している点にある。……資本主義の最新の段階のもっとも根本的な矛盾の深刻さを暴露するかわりに、それらの矛盾をあいまいにし、やわらげることになり、マルクス主義のかわりにブルジョア改良主義が生じることになる」（七六一）。

h.「8　寄生性と資本主義の腐朽」

「金利生活者国家は、腐朽しつつある資本主義の国家であり、そしてこの事情は、一般にはその国のあらゆる社会政治的条件に、とくに労働運動内の……潮流に反映せずにおかない」（七六九）。「労働運動の内部でも、いま大多数の国で一時勝利を占めた日和見主義者が、まさにこの方向にむかって系統的にたゆみなく『働いでいる』ことだけを、つけくわえておくべきであろう。帝国主義は、世界の分割と、中国に限らない他国の搾取を意味し、ひとにぎりのもっとも富裕な国々が独占的高利潤を手にいれることを意味するので、それは、プロレタリアートの上層部を買収する経済的可能性をつくりだし、そのことによって日和見主義をはぐくみ、形づくり、強固にする」（七七一）。「日和見主義は、いまでは、十九世紀の後半にイギリスで勝利を得たように、数十年の長期にわたっである一国の労働運動内で完全な勝利者となるなることはできない。しかしそれはいくたの国で最後的に成熟し、腐朽してしまって、社会排外主義の形で、ブルジョア政治と完全に融合しているのである」（七七四）。

「『二十世紀はじめのイギリス帝国主義』を研究した一ブルジョア研究家は、イギリスの労働者階級について述べるさい、労働者の『上層』と『本来のプロレタリア的下層』とを系統的に区別することをよぎなくされている。……いま記述している一群の現象と関連のある、帝国主義の特質の一つとして、帝国主義諸国からの移出民の減少と、賃金の安い、おくれた国からくるこれらの国への移入民（労働者の流入と一般の移住）の増大とがある」（七七二）。

「帝国主義は、労働者のあいだでも特権的な部類を分離させ、これをプロレタリアートの広範な大衆から引き離す傾向をもっている」（七七三）。

以上がレーニン「帝国主義論」の要点だ。

●──レーニンによる「金融資本の支配」説明の限界

ここで、もう一度、帝国主義段階を画期する、「株式資本」＝「金融資本」の存在の措定の仕方を確認しよう。

「かれは、帝国主義段階における有価証券の巨額な増大を示し、これをもって金融資本の支配の指標とする。したがって世界的規模での金融資本の支配は、いまや『富裕な本主義国』の有価証券所有と、『それに対するその他のほとんどすべての世界』の『債務者と貢納者の役割』(全集㉒二七六頁)への転落をもって特徴づけられることになる。銀行と産業との癒着にもとづく組織的独占体の形成という意味での『金融資本の支配』は、ここではその内容を抜きさられ、たんなる有価証券所有の優劣、つまりレントナー化へと形式的に一般化されることになっている。そしてまた、このように『富裕な資本主義国』の国際的レントナー化をもって、『金融資本の依存と連絡との国際網の創出』(同)と規定することによって、ここから『資本の輸出』の問題、もみちびきだされているのである」(降旗節雄『帝国主義論の系譜と論理構造』、社会評論社、二一五頁)。

●――ヒルファーディングの説明

こうした宇野学派のレーニンに対する違和は、ヒルファーディングの次のような、段階規定での立論を媒介としている。降旗節雄『宇野経済学の論理体系』(社会評論社)では、つぎのようである。

「ここでヒルファーディングは次のように言う。

『資本主義の発展は、それぞれの国で土着的におこなわれるのではなく、むしろ資本といっしょに資本主義的な生産および搾取関係が輸入されるのであり、しかも最先進国で到達された段階においていつも輸入されたのである。それは、ちょうど今日あらたにうまれる産業が、かならずしも手工業から出発し、手工業的技術をへて近代的大経営に発展するのではなく、最初から高度資本主義企業として創立されるのと同様に、資本主義もまた今日では、そのときどきの完成された段階において、あらたな国に輸入されるのであり、したがって、それは例えばオランダやイギリスの資本主義的発展が必要としたよりもはるかに大きな重圧をもって、はるかに短い期間において、その革命的作用を展開する』。（ヒルファーディング（岡崎次郎訳）『金融資本論』下、岩波文庫版、八五頁）

ここで示されている資本主義の発展についての理解は、マルクスの資本主義認識にはまったくなかったものである。マルクスの場合、後進国はつねに先進国の後をおうにすぎなかったのに対して、ヒルファーディングにあっては関係は逆転する。

『はじめはドイツ資本主義発展のたちおくれにもとづいた一事情が、結局はイギリス産業に対するドイツ産業の組織上の優越の一原因ともなったわけである。イギリスの産業は有機的に小さな始まりから、しだいに発展して後に大きくなった協業とマニュファクチュアが生まれ、工場はまず主として紡績業という比較的小資本しかいらない産業で発展した。それは組織の点では主として個人経営にとどまった。株式会社ではなくて個人資本家が支配権をにぎり、資本主義的には個別産業資本家の手にとどまった。……そこ（ドイツ）では、もとより資本主義の発展はイギリスのそれを後から一々追ってゆくことはできなかった。むしろ先進国のすでに到達した段階を、技術的にも、経済的にも、できるだけ自国の到達点にしようとの努力がなされざるをえなかった。とはいえ、最高度に発展した諸産業で生産をイギリスのすでに到達した規模でおこなうには、企業が個人企業であるかぎり、個々人の手における資本の蓄積が必要だったが、そのような蓄積はドイツにはなかった。そこで、ドイツでは株式会社は、ドイツの形態にもイギリスの形態にも共通な機能のほかに、所要の資本を調達する機関となるという新たな機能をもった。……産業で株式形態を有利にした同じ原因が、銀行をもまた株式銀行として発生させた。だから、ドイツの諸銀行は、はじめからドイツの産業株式会社に所要の資本を融通するという任務、したがって流通信用だけでなく資本信用をも扱うという任務をもっていた。だからはじめから産業に対する銀行の関係は、ドイツでは、そして――部分的に、ちがった形態で――アメリカでも、イギリスとはまるでちがわざるをえなかった。この相違は、なかんずくドイツの後進的な、おくれて形成された資本主義的発展に由来するが、逆に、産業資本と銀行資本とのこうした内面的むすびつきは、ドイツおよびアメリカにおけるヨリ高い資本主義的組織形態への発展において重要な一契機となった』(前掲、五一～五三頁)。

このヒルファーディングの文章に示されているのは、資本主義的発展における先進国と後進国の逆転の論理である。一九世紀中葉最大限の個人企業的発展をとげたイギリスと、資本蓄積のきわめて遅れたアメリカ、ドイツという二つの類型の資本主義国家において、『最高度に発達した諸産業』つまり固定資本の巨大化した重工業部門を基幹産業として定着せしまざるをえないという状況が発生した。この解決は、いかにスムーズに株式会社形式を産業企業に普及させるかにかかっていた。イギリスにおける個人企業の全面的発展は、株式会社形式の採用に阻止的に働き、アメリカ、ドイツでは、その資本蓄積の後進性がかえって促進的に作用した。こうして生産力の発展における逆転が生じたというのである。宇野は、このヒルファーディングの把握を、かれの段階論的認識の前提として採用した」（降旗、前掲、一二七〜一二八頁）。

●――宇野・帝国主義論の核心

以上のような宇野の「帝国主義」分析の核心を降旗は次のように説明する。

「宇野教授の帝国主義段階把握の核心は、次の文章である。

『自由主義時代の基礎をなした産業資本は、原則的には、原理的に説かれる資本の蓄積のように、個々の個人資本家の蓄積による綿工業の発展にみられたのに対して、帝国主義時代は、株式会社による最初から資本家社会的に集中せられた資本をもって行われる比較的大規模なる固定施設をもった鉄工業などの重工業がドイツのような後進国では却っていわゆる金融資本なるあらたな資本のタイプを形成する基礎となるのであった。それはもはや産業資本のように個々の資本家としての競争を貫徹せしめることよりも、むしろいわゆる独占的利益を求める特殊の組織の形成を容易にするものであった』（『経済政策論・改訂版』、弘文堂、一五三頁）。

つまり教授にあっては、『世界の工場』として一九世紀中葉までの資本主義の発展を規定したイギリス資本主義と対抗しつつ、かつその影響のもとに資本主義化を実現せざるをえなかった後発資本主義国ドイツにおける資本蓄積の特有のあり方が、帝国主義段階の資本の存在様式の基本的タイプとされているのであって、帝国主義段階の支配的資本としての金融資本は、最初から一定の時と所とに限定された具体的歴史性において把握されているのである。このように把握された金融資本の特質を、いま、前節の最後で要約した、レーニン帝国主義論のもつ問題点との対比において示せば次のようになろう」（降旗、前掲、二九二頁）。

「レーニンは、帝国主義段階の資本主義の『最もいちじるしい特質の一つ』として『生産の集積』をあげ、しかもこれを資本主義の基本的特質である自由競争の必然的結果として把握していた。産業資本における『生産と資本の集積』の一定の発展が、資本主義的独占の成立根拠をなすというわけである。これに対して宇野教授は、帝国主義段階に支配的な金融資本の成立の根拠として、『資本集積の増大と重工業における固定資本の巨大化』をあげる。つまりこの場合の『資本の集積』は、『すでに産業資本による資本主義の一定の発展を基礎とするものではあるが、単にその拡大とはいえないものを含む』（『政策論・改訂版』一五七〜八）のであって、一九世紀後半における重工業の特殊な技術的発展に支えられて異常な固定資本の巨大化をみちびき、かつそれに規定された資本の集積なのである。しかもこの場合、一九世紀中葉までの資本主義の発展における基幹産業が綿工業だったのに対して、一九世紀末葉からは鉄工業がその地位を取って代わったのであって、このような基幹産業の交替自体は、たんなる競争による大規模生産の創出と小規模生産の駆逐とから必然的に生ずるものではない。……（それらは――

引用者・渋谷）たんなる資本集積の増大という一般的論理からはみちびきえない、産業資本としての綿工業を基幹産業とする資本主義の特定の発展段階が、いわば技術的に生み出した技術的現実なのである。そして資本主義的生産は、それが支配的生産様式たるかぎり、このような特殊な歴史的現実をも、それ自身の運動によって処理しなければならないのであるが、そのためには、もはや産業資本は適合的な資本形態たりえないことになる。資本の所有と経営とを分離しつつ、一応その所有から離れて支配を異常に集中しうる株式会社形態が、まさにこのような歴史的現実に適合的な資本形態として登場せざるをえないのである」（降旗、前掲、二九三頁）。

「株式会社形態においては、資本は、現実資本と株式としての資本とにその存在を二重化される。そしてこのことは、現実資本から分離して株式がいわゆる擬制資本として売買されることによって、資本は現実資本としては依然としてG―W…P…W′―G′として存在しつつ、資本市場を通して流動化されるという特殊な運動を可能にするとともに、直接株式売買をとおしてあらゆる社会的資金が生産過程に動員されることをも可能にする。株式会社は『社会的に蓄積せられた資金から、事業の経営に必要な任意の額の資本を調達するという資本主義社会に特有な資本家社会的なる機構を一般的に確立する』（『政策論・改訂版』一六八～九頁）資本形式をなすのである。個人資本の集積によってでなく、既存の資本の社会的集積をとおして、一挙に巨大な資本蓄積を実現しうる株式会社は、かくて巨大固定施設をもつ重工業を、しかも後進資本主義国において、資本主義的に確立するためのもっとも適合的な資本形態となった」（降旗、前掲、二九三～二九四）。

「以上のような性格をもって、重工業を巨大企業として実現する株式会社は、銀行に対しても特有の関連を要請することになる。つまり、いわゆる商業銀行としての流通信用的関係をこえて、直接資本信用を供与するとともに、株式会社形式は銀行側でもこの資金を新株式の発行によって回収することを可能にするのであり、さらに銀行自身も発行業務をとおして操業利得を獲得しうることになる。巨大産業企業と銀行とは、このような株式会社形式をばいかいとして癒着し、相互に益々巨大化しつつ、銀行を中心とする特有の組織的独占体を形成することになる。以上のような重工業における固定設備の巨大化、株式会社によるその巨大企業としての実現―株式会社形態を媒介とする産業と銀行の癒着―組織的独占体の成立という一連の過程は、一九世紀末葉のドイツにおいて最も典型的に実現された。これは結局、『不断の過剰人口を基礎とする労働力の商品化』を社会的基礎とする金融資本的遅奇跡様式として、重商主義段階における商人資本、自由主義段階における産業資本に対して、帝国主義段階の支配的資本形態たる位置をしめることになる。しかし、重商主義段階、自由主義段階と違って、この帝国主義段階の特質は、それまでのイギリス資本主義を典型とする世界史的過程に対して、後進国ドイツがその後進性をいわば優越条件に転化せしめつつ積極的参加を実現した点にあるのであって、その支配的資本としての金融資本も、この『ドイツの進出的な役割に対してイギリスが防衛的立場に立つ』(同――宇野、前掲『経済政策論』…引用者・渋谷――、一九一頁)という帝国主義国同士の対立関係によってきていされているのである。したがって、イギリス羊毛工業やイギリス綿工業において典型的に示された商人資本や産業資本と異なって、金融資本は『積極的にはドイツ重工業の発展に規定されつつ、イギリスにおいて特殊の、直接、生産過程に基礎をもつとはいえない形態で発現』(同)するという特有な関連において、いわば相互補足的な二類型の様相をもって実現されることになるのである」(降旗、前掲、二九三〜二九五頁)。

「帝国主義国による資本進出—植民地領有関係の展開は、歴然と存在する二つの類型にわけれることになる。第一は、イギリスのように、すでに自由主義段階から『世界の工場』、『世界の銀行』としての世界市場におけるその優越的地位を前提として蓄積された資本が、マーチャント・バンカーなどの投資銀行業者の媒介によって海外に向かっていたものであって、帝国主義段階ではいわばその延長線上に発展を見たのである。第二は、ドイツに代表されるような後発資本主義国のそれであって、そこでは国内における基幹産業の独占的組織による支配完了とともに、過剰資本の処理が過剰商品輸出と有機的連関を保ちつつ、大銀行を中心として先進国の支配地域への割り込みとして強行される場合である。……帝国主義段階の資本の輸出—世界の分割とは自由主義段階から展開されてきた先進資本主義国の資本輸出と植民地分割に対して、後発資本主義国における……過剰資本の海外投資が、植民地再分割を要求するという点に特色がある」(降旗、前掲、二九八〜二九九頁)。

つまり「帝国主義的対立は、むしろ海外投資にむかうイギリスとドイツに代表される帝国主義国の過剰資本の形成機構自体の差異を基礎として明らかにされねばならない。……たんに各帝国主義国における過剰資本の増大という量的変化の結果ではなかった。……そしてこのような意味での植民地ないし勢力圏の再分割の要求と、それに対する防衛との対抗関係は、結局『戦争によってでも解決せられるほかに途のない対立』(宇野、前掲『経済政策論』二五七頁——引用者・渋谷)を必然化することになる。……帝国主義戦争も結局、この特殊な蓄積様式と対応する経済政策の総括的結果として解明されたことになるのである」(降旗、前掲、三〇〇頁)というわけである。

以上のような〈方法論〉を、現代にいかしてゆくことが、必要ではないか。資本主義国各国は、同じような発展経路をたどらない。それは、相互に作用しつつ、独自の構造の下に、展開している。例えば、日本資本主義は、第二次世界戦争の敗戦以降、対米従属(米ソ冷戦下での日米共同反革命)の政治経済構造のもとに、かつては、日米貿易摩擦が生起するほどの先進資本主義国として成長した。それはまた、アジア諸国への経済侵略によって、形成されたものだった。この日本とアジア新興国との関係などでは、新興国の独自の発展が、日本の貿易にとって競争相手となってゆく。その場合、各国間の経済的安全保障を確保し、担保するために、二国間貿易交渉などが、行われていくことになった。アジアでのTPPも、それが当初的にはアメリカ合衆国が主導した経済体制の形成に向かい、内容上のネガティブな問題を生起しつつ(拙著では、『世界資本主義と共同体』、二〇一四年、社会評論社、第三章「グローバリゼーションと緑の地域主義」を参照せよ)も、結局そういう経済的安全保障の担保(自由経済・自由貿易での国家間の秩序立て)ということを背景になされてきた。そうした不均等的発展の問題としてあらわれているような、資本主義諸国間の関係性の分析などに、いかしてゆくことができるだろう。

【補論】帝国主義の「腐朽性」——人民の帝国主義体制への取り込みの問題について

帝国主義の「古典的」段階が、止揚された今日、階級支配との関係で、注目すべき問題が展開している。それが、先に紹介したレーニンがのべている「寄生性と資本主義の腐朽性」に関する論題の拡大した展開だ。

まさに現代二一世紀の帝国主義にとって、国内の階級支配との関係での、「腐朽性」の問題は、一つのキーワードだといえる。

この問題の内には歴史上、まず、はじめに存在したのが、本論の先にレーニンが言っていた「労働運動の日和見主義化」という問題だが、二一世紀現代における腐朽性の問題は、それを前提としつつ、二〇世紀中期以降、さらに拡大していると、考えなければならない。

考え方として一般化していうならば、帝国主義の「腐朽性」という観点は、「帝国主義労働貴族」の形成ということ以上に、さらに拡大し、労働者階級・人民を分断するブルジョアジーの政策としての差別・排外主義や、農民抑圧などの動態として展開されてきた。

現代帝国主義は、〈労働者階級の上層部分〉に相当するものを、民族的・人種的差別・抑圧・分断に置き換え、拡大している。例えば抑圧民族の被抑圧民族に対する差別・分断による抑圧民族人民の帝国主義体制への統合がそれだが、それは差別主義のヘイトクライムなどのヘイト団体の突出ということと共に、市民社会において一定の常態化した排外主義的意識形態として固定化した形で組織されているという問題としてある。まさに労働者階級の上層部分の、帝国主義体制への取り込みといったことが、この上層部分にとどまらず、差別・分断支配をつうじて、さらに人民のなかに、拡大してきたのである。

これに対して、人民一人ひとりが、みずからの日常性の在り方を問題とし対自化することが、といわれている。

第五章――戦争と帝国主義に関する考察

戦争問題の《古典》としてのレーニン「戦争と革命」を読む

今は、二〇一九年一〇月だ。沖縄県では、二〇一八年一二月から、辺野古の海を埋め立て、新基地を建設するため、沖縄防衛局による海への土砂投入がはじまった。新基地建設に反対する玉城デニー知事が誕生（二〇一八年九月県知事選挙で、対立候補に約八万票の差をつけて当選）して間もなくの話だ。沖縄の民意は完全に無視され、蹂躙されている。二〇一九年二月二四日の辺野古基地建設の是非を問う県民投票では、建設反対票が圧倒的に多数を占めた（投票率五二・四八％、賛成一八・九九％、反対七一・七四％、どちらでもない八・七〇％。反対票は、有効票数六〇万一八八八票中、四三万四二七三票に及んだ）。にもかかわらず、そういうことにはおかまいなく、強権的な政府の意向でもって、海の埋め立てが始まっている。

政府は、辺野古新基地を「普天間飛行場」の代替というが、沖縄の民意は、危険な普天間飛行場の閉鎖と新基地建設反対を表明しているのではないか。どこにあっても危険だ。そのことは、この間のいくつものＭＶ22オスプレイの「不時着」事件（二〇一六年一二月、名護市東部の浅瀬に墜落。

また普天間基地に胴体着陸、二〇一七年六月、伊江島補助飛行場に緊急着陸など）、米軍ヘリなどからの、ヘリの窓などの落下事件（二〇一七年一二月、宜野湾市立普天間第二小学校の校庭に落下した事件）などが、はっきりと証明している。

だが、日本政府は、沖縄の民衆の方ではなく、アメリカ帝国主義の方を向いて、米軍の辺野古新基地を、しかも強権的に作ることに踏み出しているのだ。こうしたことを専制政治というのである。

また日本政府によって、「島嶼部防衛」、沖縄県――「南西諸島の防衛強化」として自衛隊の軍拡が進んでいる。例えば鹿児島県・馬毛島買収（＝米空母艦載機の陸上離着陸訓練として政府が買収。日米安保軍共同使用と観測されている）など、こうした一連の軍拡と地方自治破壊は、アメリカ帝国主義のアジアにおける、主に対中国・対朝鮮軍事バランスの維持を日本帝国主義権力者たちが、日米安保での相互協力や「尖閣列島防衛」などを「正当性」の根拠として、肩代わりする形で、進められているということにほかならない。

また、日本「本土」においても、米軍Xバンドレーダー基地設置などの新基地機能、高性能レーダーと迎撃ミサイルの組み合わせによる地上配備型迎撃システム「イージスアショア」配備構想などをはじめとした、日米安保軍連携の「統合ミサイル防空能力」などの向上政策、例えば、F35ステルス戦闘機を米国から大量購入する、これに連結して垂直着陸ができるF35Bを購入し、護衛艦「いずも」型の空母化に対応するなどの設置・配備計画の検討、岩国基地など本土基地強化、オスプレイ大量配備計画などを展開している。

また、日米合同の統合司令部（「共同統合作戦調整センター（ＢＪＯＣＣ）」、米軍横田基地、二〇〇六年創設）などの設置や、上述したように自衛隊の編成に侵略前線部隊である海兵隊の日本版・自衛隊部隊（「陸上自衛隊・水陸機動団」、二〇一八年創設）の発足など、一連の軍備拡張が展開している。これらは、「集団的自衛権」の行使を合憲化し、日米安保軍を飛躍的に強化しようとする「安保法制」の成立によって、飛躍的にすすめられていることだ。それらは総じて、長距離弾道ミサイルや早期警戒機などの性能向上をはじめとした米中の軍拡競争に、日本が積極的に参戦していくことを意味している。

この突破口が二〇一四年四月の政府閣議において、それまでの「武器輸出三原則」を放棄し、「日本の安全保障に資する」と判断される場合は、武器製造に使う部品・関連技術のみならず、「完成品（武器そのもの）」でも輸出できるなどとした「防衛装備移転三原則」を閣議決定したことである。それ以降、兵器産業が大きく動き出している。

そして米帝国主義の対イラン軍事外交（ホルムズ海峡危機に間接し、自衛隊のホルムズ海峡周辺への配備計が報道され始めている（二〇一九年一〇月現在）。

更に中距離核戦力（ＩＮＦ）全廃条約の失効（二〇一九年八月～）などをふまえ、日・米・ＥＵ諸国、ロシア、中国、朝鮮、韓国、アジア諸国をリンクさせた軍事外交が新たな段階を迎えている。

また、そうした戦争体制の構築の問題は、その軍の現場での行動の不透明さの問題としても、浮き彫りになってきている。例えば自衛隊ＰＫＯ南スーダン日報隠ぺい問題、自衛隊イラク派遣での日報隠ぺい問題などに明らかなように、海外での自衛隊の活動の不透明さが、際立ってきている。

「イラク派遣の任務終了から八年後の二〇一七年二月、南スーダンへの国連ＰＫＯ活動に関する日報の隠蔽問題にからみ、野党が自衛隊のイラク派遣時の活動記録を開示請求した。当初、日報は『不存在』と報告されたが、二〇一八年三月、陸自から……防衛大臣に日報を『発見』したと報告があげられる。実際には、その前年三月の時点で、陸自研究本部（当時）で、日報は『発見』されていたにもかかわらず、一年もその存在が伏せられていた」。それを、二〇一八年四月に、防衛省は、一部を黒塗りにしつつ、約一万五千頁のイラク日誌を、野党、メディアに公開した（『自衛隊イラク日報　バグダッド・バスラの２９５日間』柏書房、監修：志葉玲、二〇一八年、〇〇三〜〇〇四頁）。

こういう〈戦時秘密主義〉が、展開しているのだ。

まさに、軍拡・戦争国家化は、戦争・有事を想定したものに他ならない。

では、戦争・有事とは何か。マルクス主義の政治思想にとっては、それをどう考えるべきか。

ここでは、世界資本主義の「帝国主義『段階』」（この「段階」は、レーニンの時代から実在形態をかえつつ、現在に至るまで本質的に続いていると、本論論者（渋谷）は、考えている――これについては第一部第一章参照）における反戦平和運動の〈古典〉をなす、レーニンの反帝闘争論から考えていく。

第一節　レーニン「戦争と革命」を読む

●――レーニン「戦争と革命」(一九一七年五月講演)について

一九一七年「二月革命」で、ツアーリ(帝政)権力が打倒され、右派エスエルとメンシェビキなどを中心とした「臨時政府」(ブルジョア革命派)と、ボリシェビキ(都市)と左翼エスエル(農村)を中心とした労働者・農民・兵士代表ソビエトの人民権力の二重権力状態になったロシア。その革命情勢のロシアに、四月、亡命地よりもどったレーニンはその年の五月、「戦争と革命」という講演をおこなった(レーニン全集、第二四巻、大月書店、所収)。

＊ ソビエト(評議会)……二月革命ではブルジョア民主主義を目的とするものが多数意見だったが、しだいにプロレタリア革命を目指すボリシェビキへの支持が多数意見となってゆき、プロレタリア革命に傾倒して行く。レーニンたちは、このソビエト運動を策源として「赤衛隊」という労働者民兵運動を造った。これが一〇月蜂起の中心部隊になった。このときのレーニンらのスローガンが「全権力をソビエトへ！」である。

この講演は、勃発した第一次世界戦争(一九一四年~講演当時も戦争中)に対する社会主義者の立場をしめしたものである。その内容は本論論者(渋谷)の考えでは、革命的反帝闘争(この場合「革命的」とは、階級闘争の考え方を土台とした帝国主義戦争反対の闘いという意味）を組織し始めたレーニンら反帝国際主義者が、どのような政治内容を形成してきたかを、総括したものとなっている。

レーニンによる「戦争とロシア社会民主党」（一九一四年発表）などでの「帝国主義戦争を内乱へ！」という、革命的「祖国」敗北主義（労働者人民にとって真の敵は国内にいる。それが戦争で利益を上げるため戦争に踏み込んだブルジョアジーだ。だから「自」国ブルジョアジー権力（「自」国帝国主義）を打倒しよう！という政治方針）の提起以降、レーニンは多くの意思統一文書を作り、革命運動を組織していった。

「民族自決権について」（一九一四年発表）、「第二インタナショナルの崩壊」（一九一五年発表）、「帝国主義戦争における自国政府の敗北について」（一九一五年発表）、「社会主義と戦争（戦争に対するロシア社会民主労働党の態度）」（一九一五年発表）、「ツインメルバルト左派の決議草案」（一九一五年執筆）、「社会排外主義との闘争について」（一九一五年発表）、「日和見主義と第二インタナショナルの崩壊」（一九一五年執筆）、「革命的プロレタリアートと民族自決権」（一九一五年執筆）、「社会主義革命と民族自決権」（一九一六年発表）、「ユニウスの小冊子について」（一九一六年発表）、「マルクス主義の漫画および『帝国主義的経済主義』について」（一九一六年執筆）、「自決に関する討論の決算」（一九一六年発表）、「プロレタリア革命の軍事綱領」（一九一六年執筆。一九一七年発表）、「プロレタリア民兵について——遠方からの手紙　第三信」（一九一七年三月執筆）、「現在の革命におけるプロレタリアートの任務について」（四月テーゼ、一九一七年四月）、「ロシア社会民主労働党（ボ）第七回（四月）全国協議会」での「戦争についての決議」、「民族問題についての決議」（一九一七年四月発表）、「革命前にわが党は戦争についてどのような声明をしたか」（一九一七年五月発表）、「ボリシェビズムと軍隊の『解体』」（一九一七年六月発表）等々で、レーニンは、「戦争と革命」の問題での意思統一と論争をくりかえし行い、革命運動を組織して行ったのである。

（以上あげたレーニンの文献・文書は全て『レーニン全集』（大月書店）で確認したものである。その文書中にはレーニン死後、刊行図書に収録されたものもある。その場合、本論では、「執筆」時の年だけを記した。これは、その文書は党内に配布され、それで意思統一はされたが、当時は刊行物に収録されたものではないということを意味すると考えるべきものである。当時のレーニンらの国際非合法党活動の一端をその行間に見ないわけにはいかないだろう）。

そして、その内容が理論的に整理されたものの一つとして、この「戦争と革命」の講演があると本論論者（渋谷）は考えている。

また、この講演は後述するように、ロシアでの一〇月革命（一九一七年）をボリシェビキ党に意思統一した政治文書であるレーニンの『国家と革命』（一九一七年執筆）と、併せて読むと、反戦平和に関してレーニンたち、当時の反帝反戦派が何を・どのように考えていたかが理解できる。

『国家と革命』には「マルクス主義の国家学説と革命におけるプロレタリアートの任務」というサブタイトルが付されている。これに対し「戦争と革命」に、そういう意味でのサブタイトルをつけるなら「レーニン主義の反帝思想と革命におけるプロレタリアートの任務」ということになるだろう。
それは後述するように、二一世紀現代においても現実の戦争問題に適用できる、普遍的な意義をもつものだ。

●――第一次世界戦争の構図

第一次世界戦争の諸相を、まずみてゆくことからはじめよう。

簡単にそして、一般的な認識をまずは、見てゆくということで、「広辞苑」から援用する。

「三国同盟（独・墺・伊）と三国協商（英・仏・露）との対立を背景として起こった世界的規模の大戦争。サラエヴォ事件を導火線として一九一四年七月オーストリアはセルビアに宣戦、セルビアを後援するロシアに対抗してドイツが露・仏・英と相次いで開戦、同盟側（トルコ・ブルガリアが参加）と協商側（同盟を脱退したイタリアのほかベルギー・日本・アメリカ・中国などが参加）との国際戦争に拡大。最後まで頑強に戦ったドイツも一八年一一月に降伏、翌年ヴェルサイユ条約によって講和成立」。

この戦争といかに向き合うのか、レーニンは、一九一四年九月～一〇月に執筆した「戦争とロシア社会民主党」で、次のようにのべている。

「交戦国の一グループの先頭には、ドイツのブルジョアジーが立っている。彼らは、戦争をしているのは祖国と自由と文化を擁護するためであり、ツァーリズムに抑圧されている諸民族を解放するためであり、反動的なツァーリズムを破壊するためだと言い張って、労働者階級と勤労大衆をだましている。だが実際には、このブルジョアジーこそ、ヴィルヘルム二世をいただくプロイセンのユンカーのまえに平身低頭して、つねにツァーリズムの最も忠実な同盟者であったし、ロシアの労働者と農民の革命運動の敵であったのである。戦争の結末がどうなろうと、実際には、このブルジョアジーはユンカーといっしょに、ロシアの革命に抗してツァーリ君主制を支持することに全力を傾けるであろう。

実際には、ドイツ・ブルジョアジーは、セルビアを征服し、南スラブ人の民族革命を圧殺しようとして、セルビアに対する略奪戦役を企てたのだ。それと同時に、その兵力の大部分をより自由な国であるベルギーとフランスにさしむけ、このより富裕な競争相手（フランス）を略奪しようとしたのである。ドイツ・ブルジョアジーは、この戦争が自分の側からの戦争にとって最も好都合な――彼らの見地から見て――時機をえらび、自分たちの軍事機材の最新の成果を利用したのであり、ロシアとフランスによってすでに計画され、まえもって決定されていた新しい軍備の機先を制したのである。

交戦国のもう一つのグループの先頭には、イギリスとフランスのブルジョアジーが立っている。彼らは、ドイツの軍国主義と専制主義に反対し、祖国、自由、文化のために戦争をしているのだと言い張って、労働者階級と勤労大衆をだましている。ところが実際には、このブルジョアジーは、すでにはやくから何十億という金で、ヨーロッパの最も反動的で野蛮な君主制である、ロシアのツアーリズムの軍隊を雇い、ドイツ攻撃を準備していたのである。

実際には、イギリスとフランスのブルジョアジーの闘争目的は、ドイツの植民地を奪い取り、経済的発展の速度のすばらしくはやい、この競争国を破滅させることである。しかも、この崇高な目的のために。『民主主義的』な『先進』国は、野蛮なツァーリズムが、ポーランド、ウクライナなどをさらに圧殺し、ロシア革命をさらに弾圧するのをたすけている」

というのが、この戦争の基本的な構図だった。

●――「戦争と革命」で言われていること（一）――この戦争は資本家のための戦争だ

（一）こうした戦争の構図に対し、レーニンはまず、考え方の提起から始めている。

「戦争の問題で人々がいつもわすれていて、十分な注意をはらっていない主要点……空っぽな、見込みのない、むだな論争がおこなわれている主要点、――それは、この戦争がどういう階級的性格をおびているか、この戦争はなにが原因でおこったのか、それを遂行しているのはどの階級か、どのような歴史上、経済史上の条件がそれらをひきおこしたのか、という根本問題をわすれていることである」と。レーニンは、それは「大衆集会や党（レーニンのボリシェビキ――引用者）の集会」でも、そういうことがあるといっている。

（二）そういう問題提起を踏まえて、レーニンは、戦争問題の基本的な分析視角を論じてゆく。

「マルクス主義……の見地から見て戦争をどう評価すべきか、戦争に対してどういう態度をとるべきかを、社会主義者が検討するさいの基本的問題は、なにが原因でこの戦争がおこなわれているのか、それを準備し指図したのはどの階級か、という点にある」とのべる。

そして、「われわれマルクス主義者は、あらゆる戦争の無条件の反対者のうちにははいらない」として、「社会主義社会制度」をめざす「革命戦争の可能性」に言及している。

社会主義制度は「人間の階級分裂をなくし、人間による人間の搾取、ある民族による他の民族の搾取をことごとくなくすことによって、必然的に、およそ戦争のあらゆる可能性をなくすものである」が、そのためには、階級闘争が不可避であり、そのことに基づいた革命的階級によって遂行され、「直接の革命的意義を持つような戦争の可能性を否定することはできない」と断言している。

（三）レーニンはそこで、いろいろに違った戦争の性格は、どのように認識されねばならないかを述べている。

それは「戦争哲学と戦争史にかんするもっとも著名な著述家のひとりクラウゼビッツ」が言ったように「戦争は別の手段による政治の継続である」ということだとレーニンはいう。

「どんな戦争も、それを生んだ政治制度と不可分に結びついている。ある大国、その大国内のある階級が戦争まえに長いあいだとってきたまさにその政治を、同じこの階級が、ただ行動形態をかえただけで、戦争中にもとりつづけることは必然であり、不可避である」ということだ。

（四―A）レーニンはそこから、ヨーロッパの歴史を遡及して行く。

「ヨーロッパでは平和が支配していたが、この平和がたもたれていたのは、幾億の植民地住民に対するヨーロッパ諸国の支配が、恒常的な、不断の、けっしてやむことのない戦争、ただしわれわれヨーロッパ人が戦争とは考えない戦争によって、実現されていたからである。というのは、それらは、あまりにもしばしば、戦争というよりは、むしろ、もっとも凶暴な殺戮、武器をもたない人民の皆殺しに近かったからである。ところで要点は、まさに、今日の戦争を理解するためには、われわれが、なによりも、全体としてのヨーロッパ列強の政治を概観しなければならないという点にある」とのべ、第一次世界戦争を階級的に解明する方法を示している。

（四―B）その場合、注意すべきことは次のことだ。

「個々の例、個々の場合をとりあげてはならない。そんなものは、社会現象のつながりからいつでも容易に切り離してとりだせるのであって、なんの値うちもない。なぜなら、反対の例をあげることもまた容易だからである」という。

この事件から戦争は始まった、というお決まりの言説だ。そこには、戦争の真の原因はない。

（五）では、どのように、分析の視角をつくればいいのか。レーニンは言う。

「いまわれわれが見るのは、なによりも、資本主義列強の二つのグループの同盟である。……世界最大の資本主義強国のすべて――イギリス、フランス、アメリカ、ドイツ――であって、これら大国の全政治は、数十年もの間、全世界をどのように支配するか、弱小民族をどのようにして圧殺するか、全世界を自分の勢力の鎖につないだ銀行資本の利潤をどのようにして三倍にも一〇倍にも確保するかということをめぐる、不断の経済競争にあったのである。イギリスとドイツの実際の政治は、ここにある」と。

そうした世界最大の二つのグループ、イギリスとドイツがそれぞれの同盟国をひきつれて、展開してきた数十年の間の実際の歴史を理解することがないなら、「今日の戦争についてなにも理解できない」と提起している。

(六)ではこの二つのグループの実際の政治とは何だったか。レーニンはそれらのグループの足取りをつぎのように概観する。

「この政治は、われわれにただ一つのことを示している。二つの最大の世界的巨人の、資本主義経済の、たえまない経済競争がそれである。一方にはイギリスが、すなわち、地球の大部分を領有する国家、富の大きさで第一位に立つ国家がある。それは、自国の労働者の労働によるというよりも、むしろ主として無数の植民地の搾取により、イギリスの銀行の無限の力によって、この富をつくりだした。……しかもそれらの巨大銀行は巨額の金を自由にしているので……イギリス資本の数千の糸に巻きつけられていないような土地はひとかけらもないと言ってもけっして誇張ではないのである。この資本は、十九世紀の終りから二十世紀の始めにかけて、非常に大きな規模に増大したので、前代未聞の富をもった巨大銀行グループを結成して、個々の国家の国境のはるかかなたにその活動をうつした」。

レーニンは、この資本の世界性こそ、イギリスとフランスの経済政策の基本的なものだとのべている。そしてフランスの全世界的な高利貸資本主義としてのイメージなどを紹介している。

これに対抗するのが、ドイツだ。

「他方では、イギリスとフランスを主とするこのグループに対抗して、資本家のもう一つのグループ、いっそう略奪的で、いっそう強盗的なグループが進出してきた。これは、席がすっかりふさがった後で資本主義的獲物の食卓についた資本家たち、だが、資本主義的生産の新しいやり方、よりすぐれた技術を闘いにもちこみ、また、古い資本主義、自由競争の時代の資本主義を巨大なトラスト、シンジケート、カルテルの資本主義に転化させる比較にならない組織を闘いにもちこんだ資本家たちのグループである。このグループは、資本主義的生産の国家化の原理、すなわち、資本主義の巨大な力と国家の巨大な力とを単一の機構に——幾千万の人々を国家資本主義の単一の機構に——結合するという原理をもたらした」。

＊　ここでは、第二部第四章で書いた宇野弘蔵による指摘、レーニンの「帝国主義論」における「初期独占」と「帝国主義的独占」の混同は、ある程度、イギリス型とドイツ型の区別の確認としては、払しょくされているのではないか。

レーニンは、この二つの資本家グループの「経済史」「外交史」だけが、「戦争問題の正しい解決の道をあたえ、そして、この戦争もまた、この戦争で連合した諸階級の政治の産物であり、戦争のはるか以前に、全世界に、すべての国に、自分の金融的搾取の縄を張り、戦前に世界を経済的に分割した二大巨人の政治の産物であるという結論に、諸君を導くのである」。そして、重要なポイントをレーニンは、次のように、明らかに強調した。

「かれらが衝突せざるをえなくなったのは、この支配の再分割が資本主義の見地から避けられなくなったからである」と。

この「再分割」ということが、この戦争の一番のポイントである。

これまでの分割は、イギリスが、かつての競争相手を没落させてきたことにもとづく分割だったとレーニンは言う。そこにイギリスより、急速に発展してきたのがドイツ資本主義だった。それは「若くて強力な略奪者の発展であった」と。

さらに続けて言う。

「この戦争は、ドイツ人とイギリス人がアフリカで、イギリス人とロシア人がペルシアでやった——彼らのうちのだれが多くやったかは知らないが——、侵略と、幾多の民族の射殺と、前代未聞の野蛮行為という政治の継続である」。

「そしてイギリス人とロシア人がペルシアを侵略したり、射殺したりしたので、ドイツの資本家は彼らを敵視した。君たちは金持ちだから強いというのか？　だがわれわれは君たちより強い。だから、我々は略奪をする同じ「神聖な」権利をもっている。戦争にさきだつ数十年のイギリスとドイツの金融資本の実際の歴史は、要するにこういうことになる」。これが実際の政治であり、その別の形での継続としての「戦争」になった関係性だ。それは一方的な関係ではなく、相互媒介的な対立関係だ。

「ロシアとドイツの関係、ロシアとイギリスの関係、ドイツとイギリスの関係の歴史は、要するにこういうことになる。戦争の原因を理解する鍵は、まさにここにある」と。

「それだから、戦争が勃発した原因について一般に広められている歴史は、ペテンであり、欺瞞である。金融資本の歴史をわすれ、この戦争が再分割をめぐって熟してきた歴史をわすれて、人々は事態をつぎのように描いている。二つの民族が平和にくらしてきたが、あとになって一方が攻撃したので、他方が防衛し始めたのだと」。だが、「ロシアの歴史も、イギリスの歴史も、ドイツの歴史も、全歴史が併合をめぐっての、間断ない、情容赦ない、血なまぐさい戦争」の歴史であるとレーニンは論じている。

（七）ここから、レーニンは、戦争の双方の当事者たちが、民族・領土の併合の問題や「自由のための戦争」などと自分たちの戦争を、いかに「正当化」しているかを暴露して行く。

（七—A）ここに排外主義の正当化の論理と、そのペテン性・欺瞞性が浮かび上がる。

レーニンは言う。

「領土併合の問題について論争するとき……略奪物の分配、もっと一般向きに言えば、二組の強盗団によって略奪された獲物の分配であることが、いつもわすれられている」。対立するAとBの場合、AはBの「併合がどういうものであるかをりっぱに説明してくれるだろう」。だが、すべての相対立する強盗団の略奪（併合）に対して、すべてに「あてはまるような併合の一般的な定義」はけっしてあたえることはできない。

「なぜなら、この戦争全体が、領土併合という政治の継続」、双方の侵略と、「資本主義的強盗の政治の継続だからである」。「だからこそ、これら二人の略奪者のうちどちらがさきに刀を抜いたかという問題が、われわれにとってなんの意義ももたないのは、わかりきったことである」。

「戦争をしているのは人民ではなくて、政府である」。それは資本家の政府だ。「彼ら王冠をかぶったこれらの強盗は、すべて同類である。……資本家の支配をうちたおし、労働者革命をなしとげる以外は、それからのがれる道はない。これこそ、わが党（ボリシェビキ――引用者）が戦争の分析から到達した回答である」。

他国（の資本家政府）からの侵略にたいして「自由のために闘っている」ということが、自国の資本家政府の戦争に従っていることを意味するなら、それこそが、社会排外主義である。それは「自由のための闘い」ではなく、片方の強盗団の仲間となって、帝国主義戦争を帝国主義戦争として戦うことに、参加しているだけだ。

この場合の「社会排外主義」の定義だが、レーニンは、「社会主義と戦争」（一九一五年発表）で、次のように述べている。

「社会排外主義とは、この戦争における『祖国防衛』の考えを擁護することである。さらにこの考えからは、戦時には秋級闘争を放棄し、軍事公債に賛成投票するなどという結論が出てくるのである」。「すべての交戦国の社会主義者の一様な『祖国防衛』権をみとめている者も、社会排外派の仲間である。社会排外主義は、実際には『自国』の（あるいは一般にあらゆる）帝国主義的ブルジョアジーの特権、優先権、略奪、暴力行為を擁護するものであるから、あらゆる社会主義的信念とバーゼルの国際社会主義者大会の決定とを完全に裏切るものである」。

この場合のバーゼルの決定とは、一九一二年の第二インターの「バーゼル宣言」のことだ。

レーニンはその宣言の核心を「自国の政府に反対して国際的な規模でおこなわれる労働者の革命的闘争の戦術、プロレタリア革命の戦術を、まさに今の戦争のために策定している。……社会主義者は戦争によって生み出される『経済危機と政治危機』を利用して『資本主義の没落を促進』しなければならないという」ことだと説明する。

（七―B）こうした社会排外主義の言説に関説して「戦争と革命」では、「革命的祖国防衛主義」の問題点について、レーニンはつぎのようにのべている。

「『革命的祖国防衛主義』と称するものは、われわれは革命をおこなった。われわれは革命的人民だ。われわれは革命的民主主義派だ、という口実で、戦争をおおいかくすもののことである」。「われわれは、ニコライを退位させた」と。だが「わが国の革命のあとで、だれが権力をにぎったか？地主と資本家である。すなわち、ヨーロッパでは、ずっとまえから権力をにぎっている連中である。……条約はそのまま、銀行もそのまま、利権もそのままのこった」。政府は変わったが「世界戦争の性格には、まったくなんの変化もなかった」。結局「革命的祖国防衛主義者」は、「血なまぐさい戦争を、革命という偉大な概念によっておおいかくすものにすぎない」と述べている。

（七―C）レーニンは、この文脈からかなり後の方で、「アメリカ民主主義」の参戦については、次のように述べている。

「人々は、アメリカには民主主義があり、そこにはホワイト・ハウスがあるということを引合いにだしている。だが、奴隷制がたおれたのは半世紀もまえのことであった」。そのアメリカ合衆国では、それ以降、「億万長者が成長」し、「その金融で、アメリカ全体をにぎりしめており……また、不可避的に、太平洋の分割をめぐる日本と戦争するようになるだろう。……アメリカの参戦の真の目的は、未来の対日戦争の準備である。……アメリカの資本家にとっては、弱小民族の権利を守るという崇高な理想のかげにかくれて、偉大な常備軍を創設する口実をえるために、この戦争に介入することが必要になったのである」。

レーニンは、一九一七年という時間点で、すでに、日米戦争を確定的な事項として記述している。日本の真珠湾奇襲から日米戦争がはじまったという言説の没階級性が、指摘されるべきだ。それはまぎれもなく、帝国主義間戦争だった。それを米帝だけではなく、日本の共産主義者、反戦派としては、大日本帝国も「大東亜共栄圏の形成」などとしてアジア侵略戦争を展開し、まさに準備していったことを指摘するべきである。

●――「戦争と革命」で言われていること（二）
――資本家のための戦争は、労働者革命によってのみ終わらせることができる

（一）レーニンは、この講演で、では戦争は、どのように止められるのか、終わらせることができるのか、ということを述べている。

そのポイントは、世界を分割支配する・他国―他民族を併合する必要がない階級が権力をにぎるということだ。

「ロシア革命（二月革命のこと――引用者）は戦争を変えはしなかったが、しかしそれは、どの国にもない、西ヨーロッパの大多数の革命にもなかった組織をつくりだした。……この事実のうちに、革命が戦争にうちかちうることの萌芽がある」。「この事実とは……全ロシアにわたって労働者・農民・兵士代表ソヴェトの網があることである」。「これこそ、実際に併合を必要としない階級、幾

百万の金を銀行に投じていない階級、おそらく、リャホフ大佐とイギリスの自由主義的な大佐がペルシアを正しく分割したかどうかなどということに関心をもたない階級の組織である。ここにこそ、この革命がもっとさきへすすみうる保障がある」。

こうした階級の組織が中心となって、革命を最後まで貫徹できるか？　そこに戦争を終わらせるカギがある、というのがレーニンのいいたいことだ。

「すべての国の資本家が遂行している戦争は、これら資本家に対する労働者革命なしにはおわらせることができない。統制（銀行に対する・ブルジョアジーの経済活動に対する――引用者）が言葉から実行へうつらないうちは、また資本家の政府にかわって革命的プロレタリアートの政府がうちたてられないうちは、政府は、破滅だ、破滅だ、破滅だ、としか言えない運命にある」、つまり、破滅がしたくないなら戦争だということであり、戦争は終わらないということだ。

レーニンはここで、そうした革命は容易なことではないと、その闘いの重要性を次のようにも指摘している。

「いま、『自由な』イギリスでは、私と同じことを言ったというかどで、社会主義者が投獄されている。ドイツでは、私と同じことを言ったために、リープクネヒトが投獄されている……」。だが「すべての国の労働者大衆の同情は、このような社会主義者に寄せられており、自国のブルジョアジーのがわへうつった社会主義者には寄せられていない。労働者革命は全世界で成長しつつある。もちろん、他の（ロシア以外の他の――引用者）国々ではそれはもっと困難である」。

「全世界で、社会主義者は分裂した、一方は閣内におり、一方は獄中にいる」。

だが、労働者革命だけが戦争を終わらせることができる。

その場合、労働者革命は、つぎのように展開するべきだとレーニンは述べている。

「ロシアの革命的階級である労働者階級が権力をにぎったら、彼らは講和を提案しなければならない。そして、もし、ドイツあるいはその他どこかの国の資本家がわれわれの条件に拒絶の回答をしたら、ロシアの労働者階級はあげて戦争を支持するだろう、と。われわれは、一方のがわの意志だけで戦争をおわらせるというような不可能な、実行できないことを、提唱したりはしない」。

ではどうするか。この講演と同じ一九一七年五月にボリシェビキの新聞『プラウダ』に発表した「革命前にわが党は戦争についてどのような声明をしたか」（レーニン全集、第二四巻、大月書店、所収）では、レーニンは次のように述べている。

われわれは、講和が受け入れられず戦争が継続される場合、「そうなれば、われわれは革命戦争を準備し、遂行しなければならないであろう」とのべ、その内容を次のように展開している・

「もし革命によってプロレタリアートの党がこんにちの戦争で権力につくようになったなら、党はなにをするか、という問題に対して、われわれはこう答える。われわれは、植民地と、すべての従属的な、抑圧されている完全な権利をもたない諸民族との解放を条件として、すべての交戦国に講和を提議するであろう。ドイツも、イギリスとフランスも、いまの政府のもとでは、この条件を受けいれないであろう。そうなれば、われわれは革命戦争を準備し、遂行しなければならないであろう。すなわち、断固たる措置によってわれわれの最小限綱領を完全に実現するばかりでなく、いま大ロシア人に抑圧されているすべての民族、アジアのすべての植民地・従属国（インド、中国、ペルシア、その他）を反乱に立ち上がらせることを系統的にはじめ、さらにまた——まず第一に——ヨーロッパの社会主義的プロレタリアートを、自国の政府に反対し自国の社会排外主義者にさからって、蜂起に立ち上がらせるであろう。ロシアにおけるプロレタリアートの勝利が、アジアでもヨーロッパでも、革命の発展にとって異常に有利な条件をもたらすであろうことは、なんの疑いもいれない」。これは、一九一五年一〇月一三日付の『ソツィアル・デモクラート』第四七号に「編集局」の名で掲載したテーゼからレーニンが引用しているものだ。

レーニンは「戦争と革命」の講演を次のように、しめくくっている。

「権力が労働者・兵士・農民代表ソヴェトの手にうつったとき、資本家は我々に反対をとなえるだろう。日本も反対、フランスも反対、イギリスも反対、すべての国の政府が、反対をとなえるだろう。資本家はわれわれに反対するだろう。だが、われわれには労働者が味方するだろう。そのときに、資本家がはじめた戦争に終わりがくる。これが、どのようにして戦争を終わらせるかという問題にたいする解答である」。

●——レーニン反帝思想の筋書き

以上をまとめると次のようである。

① 第一次世界戦争は帝国主義戦争である。この戦争は資本家階級がはじめた。

②　この戦争は、帝国主義諸国の資本家階級とその国家により「分割」支配された植民地・従属国諸国への抑圧と収奪の結果である。帝国主義諸国間の植民地・市場などに対する世界「再分割」を争う、植民地・領土乗っ取りの取り合いの戦争だ。

③　帝国主義国のブルジョアジーから利益分配にあずかっていた労働官僚などの日和見主義的社会民主主義潮流は「祖国防衛」の「美名」で、この戦争に加担する社会排外主義となった。

④　この戦争をおわらせるのは、交戦諸国の労働者階級による「内乱」である。「帝国主義戦争を内乱に転化せよ」というスローガンで闘うことだ。

⑤—a　この「内乱」の意味は、例えば今日の「シリア内戦」のようなことではなく、資本家階級がはじめた戦争は、労働者階級の「労働者革命」によって、おわらせる以外ないということだ。これが「革命的祖国敗北主義」と革命派が言っている意味であり、単に「自国が敗北すればいい」ということではない。対立する両交戦諸国間の労働者階級にとって、戦争の真の敵は、外国にいるのではなく、戦争を始めた国内のブルジョアジー権力である。

⑤—b　ブルジョアジーは、交戦諸国間の労働者階級を「兵士」に駆り出し、殺し合わせることで、利益をえようとしている。戦争でもうけるのはブルジョアジーであり、労働者階級は戦勝国においても、戦死とひきつづく搾取と収奪がまっている。

⑥　この戦争は、戦争当事国（帝国主義抑圧国）の労働者革命と、帝国主義抑圧国に支配されてきた被抑圧民族・植民地人民の、帝国主義国家の支配からの解放を求める革命（民族解放闘争）の結合によってやめさせることができる。それは全交戦国を巻き込んで、一国的には

内乱を、国際的には革命戦争を準備する。帝国主義抑圧国の労働者人民は、被抑圧国の帝国主義抑圧国からの「分離の自由」（民族自決権・自己決定権）を無条件で承認すべきである。

⑦　だから「戦争か、革命か」が問われている。この革命で成立する人民権力は「労働者・農民・兵士代表ソビエト」という全人民の自治・自己権力である。

こうした革命は容易なことではない。戦争の全ての当事国で、反戦運動は弾圧にさらされる。だが、この方向でしか、戦争ブルジョアジーと社会排外主義に対して闘うことはできない。

レーニンの反帝＝革命思想は、以上のように、まとめられるものだ（本論では、この反帝＝革命を容易でない状況下でおしすすめてゆくための組織論的領域の課題については省略する）。

第二節　帝国主義「段階」におけるレーニン主義革命思想の「普遍性」

●――廣松渉の分析視角

以上の、レーニン反帝＝革命思想の〈歴史的位置性〉について、マルクス主義者で哲学者だった廣松渉（一九三三～九四年）の立論を参照したいと思う。

廣松渉は『マルクスと歴史の現実』（平凡社、一九九〇年）の第六章「レーニンの革命路線」で次のように述べている。

「私の見るところ、レーニンが独自の立場を固めてからでも時代的な変容が認められますので、レーニンの革命論なるものを単純に定式化することはできませんし、周到に論じる場合には、時系列を追いながら情勢との絡みで討究する必要があります。彼の路線に特殊ロシア的な条件が影響していることはもちろんです。しかし、彼の革命論をロシア的な特殊性に還元してしまおうとする一部論者に与するわけにはいきません。レーニン主義はロシア的特殊性のバイヤスを免れないとしても、総じては帝国主義（金融独占資本主義）という新段階に即応して、マルクス主義の革命理論を再編したものとして、普遍的意義をもつものであったと認められます」（一七四頁）。

廣松はそこでレーニンが、一九〇五年にメンシェビキと「訣別」したあとに打ち出した革命路線の検討からはじめている。

ここでは廣松が論述した「レーニンにおける帝国主義の段階論的把握と、それに相即する革命路線の設定、ロシア革命におけるそれの具現」について論じている箇所を読むことにしよう。

「レーニンの中枢的な著作、いわゆる『帝国主義論』が、『資本主義の最新（最高）の発展段階としての帝国主義』という表題をもつことからも知られるとおり（いまここではヒルファーディングとの関係は措きます）、レーニンは『帝国主義』＝金融独占資本主義をもって、資本主義の新しい発展段階――マルクスが『資本論』で描き出している産業資本主義とは段階的に区別される新しい発展段階――であることを自覚的に把えます。『修正主義者はマルクス主義の根本的見解にそむきながらも、放棄してしまった見解を、公然と率直にきっぱりと明瞭に清算することを恐れた』のでしたが、レーニンは自ら語る通り『マルクスの陳腐になった見解に異を唱える場合には、いつでも確然とかつ周到におこなう』という態度をとります。

レーニンは資本主義が『変貌』したという事実を単に現象的に指摘するという域を超えて『資本主義の基本的な属性のいくつかがその対立物に変化しはじめている』ことを公然と認めます。その最たるものが、自由競争に代わって独占が現れたことです。『自由競争は資本主義と商品生産一般との基本的な属性であり、独占は自由競争の直接的な対立物である。しかるに、いまやこの自由競争が独占に転化しはじめたのである』とレーニンは言います。

（ここでレーニン『帝国主義論』が指摘している独占は「初期独占」と「帝国主義的独占」とを混同させたものである。これら二者は区別しなければならない。このことについては本書第二部第四章参照――引用者・渋谷）。

こうして、資本主義という根本的規定性においては変化がないとしても、『基本的な属性』に及ぶほどの変化が生じ、それが対立物に転化しているのだとすれば、この資本主義に対する実践的な対応の仕方にも、当然、しかるべき変更が要求されます。けだし、この資本主義の『変化』は、上部構造にも射程が及ぶものであり、労働者階級をも含めて、諸階級、諸階層の動態に一定の変容をもたらさずにはおかないからです」。

廣松はそこから、「ここでは、しかし、レーニン主義がマルクス主義の古典的な『了解事項』や命題にいかなる変更を加えたか、よってもって、マルクス主義をいかに発展せしめたか、その軌道を逐一辿るには及びますまい」として、「ここでは、差し当たり、次の諸点を追認すれば足ります」として、以下、レーニン主義のポイントと廣松が考える諸点を列挙している。

●――「暴力革命論」(組織されたゲヴァルトとしてのプロレタリア運動)の復権

廣松は第一に「暴力革命論の復権」である、と記している。

これは「帝国主義戦争と戦後の混乱期をとらえることによって平時には不可能な内乱・暴力革命が再度可能になっている」という認識から「帝国主義戦争を内乱に転化する」という方式の暴力革命が『必要』であり、かつ可能である」という認識・判断からいわれていることだ。

また、それは「プロレタリア独裁の理論と相即的に暴力革命論を復権した」ものとしてあったと廣松は論じている。

この「内乱」規定は、暴力革命の規定であることは明白であるが、その根拠は、もともとは、マルクス主義の国家論に理論的根拠をもっている。

レーニンの『国家と革命』での論理だてから言うならば、「国家とは階級対立の非和解性の産物」

である。この国家を支配するものは「支配階級」であり、資本主義国家は「ブルジョアジーの国家」である。

資本主義国家は、「ブルジョアジーの階級支配」を維持・防衛する「公的暴力」の機関である。

この国家の変革は、改良では不可能であり、議会主義は幻想である。ブルジョア議会は数年に一回、支配者の政治委員会を選び変えるものにすぎない。

国家権力の基軸をなすのは、「公的暴力装置」たる「官僚的軍事的統治機構」だ。常備軍・警察・官僚組織などのことだ。

国家の変革はこの公的暴力装置を、全人民の武装蜂起で「破壊」することによって、これらを、ソビエト権力に転化することによって果たされる。

そのソビエト権力は「全人民武装」「立法府と行政府が一体となった行動的な機関」「コミューン官吏の即時リコール制度」「ソビエトの議員や職員の労働者並み賃金」など、一八七一年の「パリ・コミューン」の規定を踏襲するものだった。

そして、このソビエト権力が、「プロレタリア独裁」、つまり資本主義から共産主義社会──階級と国家の死滅した共同体社会──への「革命的過渡期」とされる「過渡期社会」の基本形とされるものである。「過渡期国家（死滅しつつある半国家）」、「労働者国家」、「世界プロレタリア独裁」などの表現がある。

私見になるが、ここで「全人民武装」とは、〈人民主権にもとづく共和制＝主権者の自己統治〉という近代政治思想の革命論的再措定と理解すればいいのではないかと考える。

まさに、廣松が言う通り、「プロレタリア独裁の理論と相即的に暴力革命論を復権した」といえるだろう。

＊　なお著者（渋谷）は、レーニン国家論の理論建ては、今日までにつくられてきたマルクス主義国家論の全体像から言ったとき、極めて「初期的」なものであり、多くの「不十分性」をもっていると考えている。それは、端的に言うならば、マルクス主義の国家論の中心的なテキストをなすマルクス・エンゲルス『ドイツ・イデオロギー』の発見前のものである。その決定的「不十分性」については、本書第二部第二章を参照してほしい。なお、かかる「不十分性」を払拭する・補うことをつうじて、レーニン主義国家論・革命論を理論的知見として、あらたに発展させてゆくことも可能だろう。

●――プロレタリア国際主義の復権

廣松はレーニン主義のポイントとして、第二に、「資本主義体制の「破局」の必然的な到来をあらためて確説したこと」である、と展開する。

これは「窮乏化論」「恐慌論」での破局論とは違い、資本主義国の発展の「不均等性」、帝国主義戦争の「必然性」、帝国主義国諸国の中の「弱い環」から体制的危機が深まってゆくという「弱い環の理論」によって、「新しいタイプの体制的破局の到来を基礎づけた」ものだ。

それは「帝国主義段階においては植民地が本国にとって生命線になることの洞見とも結合されて

おり、植民地の——それ自体としてはブルジョワ民族主義的な——解放闘争が、帝国主義本国の破綻をもたらす要因となる」ことと結合して組み立てられている。

第三に「プロレタリアート・インターナショナリズムの回復である」。これは次のようである。「マルクス主義運動は、第二インターの時代においてすら、国際主義の建前を崩したわけではなかったが、『国民生活』が帝国主義国家競争戦の勝敗に懸るという歴史的現実を反映して、労農大衆ですら排外主義的な民族意識にとらわれていた即自的な状態に追随し、世界革命の同時的遂行が見通せぬという条件に藉口しつつ、事実上ショービニズムに陥っていた。これに対して、レーニンは、上述の植民地解放闘争と本国革命との有機的な関係をも一契機としつつ、帝国主義戦争を内乱に転化するという形態における国際的連帯——世界革命の論理によって、プロレタリア・インターナショナリズムの実践的・理論的復権を遂行した」というものだ。

第四に、「中間的諸階層との積極的な同盟の理論である」。とくに「農民」との同盟（労農同盟）を強調する。「中間層を差し当たり彼らの現実の利害に即しつつ、プロレタリアートの周囲に結集する可能性と現実性を理論的に定礎し、同盟軍の理論を確立した」としている（一八四〜一八六頁）。

以上、こうしたことを、一口で言うなら、帝国主義段階における「ヘゲモニーとしてのプロレタリア・インターナショナリズム」を体系的に表明・提起したということができるだろう。帝国主義の体制的危機と戦争を革命に転化すること、帝国主義本国の革命と植民地解放闘争の結合、労働者階級と中間層、とりわけ農民との同盟が、その場合、ポイントとなるものだ。

＊この場合、労農同盟に関しては、革命ロシアでは、レーニンが指導していた時期において、ロシア内戦期（一九一八〜二一年）、左翼エスエルやウクライナ・マフノなど農民戦争勢力とボリシェビキの間で、不幸な戦争がおこされ、自殺的な破壊がおきてしまった。その和解の道は永遠に閉ざされてしまった（ここでは、以上のような文学的（？）表現にとどめておく。詳しくは拙著では「ボリシェビキ革命の省察」、『エコロジスト・ルージュ宣言』第六章、社会評論社、二〇一五年、参照）。
だが、レーニンが示した反帝・プロレタリア国際主義を、帝国主義列強との国際的な階級闘争における政治関係の中で明確に――〈国際共産主義運動の戦略論のわくぐみ〉として――破壊したのが、レーニン死後登場した、スターリン主義だったのである。そこではレーニンの「労働者革命」とは、真逆の政治路線が、ソ連派スターリニストによって展開されていったのである。
その内容については、〈古典〉では、トロツキー『レーニン死後の第三インターナショナル』や『永続革命論』、廣松渉『現代革命論への模索』（新泉社）、第一部第三章の第一節「第三インターとその適応不全」などを参照してほしい。

●――結語――帝国主義支配の様態変化に対応する戦争の様態変化

レーニンの時代の「帝国主義戦争」は、帝国主義国家間戦争と、帝国主義による植民地・後進国への侵略戦争というタイプの戦争であった。これは基本的に第二次世界戦争もそのようなタイプの戦争だった。それは「帝国主義国の市場再分割競争と植民地主義」という帝国主義の支配様式に規定されたものである。

第二次世界戦争の戦後は、これにかわり、米ソ冷戦（帝国主義ブルジョアジーの支配する西側諸国と全体主義スターリニスト官僚が支配する東側諸国の冷戦）が世界情勢を規定する中、帝国主義ブルジョアジーの「新植民地主義」（植民地従属国の「政治的」独立をみとめつつ経済的には帝国主義本国の従属的下位社会として支配する。また、他の帝国主義国の企業や政府プロジェクトなどの経済的進出を、帝国主義国が相互に認め合う）を規定とする戦争の形態が展開した。

したがって、帝国主義国家間戦争は、一九四五年以降は、起きていない。

例えばベトナム戦争のような戦争。南ベトナムでのカイライ政権をつくりながら米帝国主義による南ベトナムやソ連の同盟国である北ベトナムへの「侵略反革命戦争」として展開されてきた。そしてこれと闘う国土防衛戦争としての南北ベトナムのベトナム革命戦争そしてこの革命戦争と同盟した、インドシナ反米革命戦争という事態が一九七〇年代中ごろまで展開し、革命戦争が全面的に勝利する事態となった。

そして、ソ連・東欧圏の崩壊以降、決定的には、イスラム過激派による二〇〇一年9・11米・ツインタワー破壊戦争によって、米帝はアフガニスタン戦争、イラク戦争を、米の自衛権の発動を正当性として開戦し、これにイギリスをはじめとする「有志連合」が参戦している。日本もその「有志連合」の中の一国となっている。この戦争は「対テロ戦争」と名づけられている。帝国主義の「侵略反革命戦争」の一つのタイプである。こうした戦争情況に日本の政府支配層が対応・協力すべく、また自らも参戦できるように、例えば、米軍産複合体との軍事貿易を展開しているのである。「集団的自衛権」を容認した安保法制の制定や、沖縄—南西諸島での軍事基地建設など、日本はかつてない軍拡の時代に突入している。経済構造的には、第一部第一章で展開したように、グローバルな富裕層を頂点とした「投機資本主義」が規定力をもっており、この経済構造をもっと拡張して行くようなベクトルが日帝ブルジョアジーの経営創造のベクトルである。そしてこの一環に、武器輸出三原則の撤廃もあったのだ。

帝国主義国家の戦争は、世界の帝国主義国家がどのような支配様式を形作っているか、国家と国家の関係で基本となっているものは何か、ということを立体的な基礎として、戦争の形態を常に変化させてきた。現代は新自由主義グローバリズムの時代だ。そしてこのグローバリズムが世界中で起こしている貧困と抑圧のなかから、イスラム過激派などのテロが生み出され（それ自体、「カリフ制イスラム国建設」などの神話的プロパガンダを組織して存在しているが）、このイスラム過激派の戦争にたいする「対テロ戦争」が展開されている。しかし、この戦争は、イスラム過激派の拠点とされる都市や町、村を、米軍機などが空爆し、住民に多大な被害を及ぼしている。まさに、そこに住んでいる住民は、人間の平和的生存権を破壊された、無差別爆撃状態となっている。これは国家テロだ。また、その戦争では、多くの社会変革のために活動する人々、団体が被害を受ける。その国、社会の変革を破壊している。そして、アメリカ帝国主義やその有志連合の言いなりになるような、それらの帝国主義国家の軍産複合体などが大きな利益を上げられるような市場・社会関係をつくっていこうとしている。そもそも軍事産業にとって、作った兵器を使うことをしなければ、さらに新たな武器を量産して行くことには限界がある。戦争をして売り上げを上げなければ軍事産業は斜陽化する。「侵略反革命戦争」の意味は、そういう平和的生存権破壊・変革破壊・帝国主義的権益増長という目的をもった戦争ということだ。

古典的レーニン主義では「帝国主義戦争を内乱へ！」ということになるが、現在の一般民主主義の政治構造では、それは、もっと多様な社会運動での選択肢があるだろう。問題のポイントは、「労働者階級人民にとって、対外戦争の敵は国内にいるブルジョアジーであり、支配階級だということだ」。

帝国主義ブルジョアジーの戦争目的は、人民に殺し合いを強制し、「万国の労働者、殺しあえ」として、戦争を展開し、戦争によってえた勢力圏・戦争利権を創造することにある。これに対し、労働者階級は、「万国の労働者団結せよ、戦争を強制する政府を倒せ！」とする闘いを組織することだ。この一つのポイントにのっとった、反戦平和・反帝平和の運動が、多様に展開されることが、基礎のはなしでなければならない。

付論――リチャード・ローティの「改良主義左翼」概念を批判する

リチャード・ローティの「改良主義左翼」概念は、これから見るように、レーニンの「革命的祖国敗北主義」（「自国」帝国主義打倒）とは、真逆の思想だ。以下、検討する。

＊リチャード・ローティ（一九三一〜二〇〇七）は、アメリカ合衆国で活躍した哲学者のリベラリストである。ここでは、彼が主張した「改良主義左翼」という概念について検証するものとする。

リチャード・ローティ『アメリカ――未完のプロジェクト』（原著一九九八年）には、「アメリカ国家の誇り」「改良主義左翼の衰退」などの文章があって、端的には、後述するように、アメリカの自由と民主主義の理念は、まだ実現されておらず、これから実現されると考えているのが、「左派」の立場だということだと規定されている（例えば、一四頁参照）。だが、それは、これから見るように革命派を「文化左翼」として批判するためのロジックとなっている。

彼の政治的立場は、「政治の問題になると、私は『ブルジョア・リベラル』と呼ばれることに満足している。わたしの関心は、アメリカ合衆国や日本のような民主主義国家に革命的変化を起こすことにはなく、むしろこれからアメリカ合衆国や日本のような国々の有権者の想像力をとらえて、その票を獲得していく左翼的な社会政策を考案することにある」（前掲、iv頁）ということになる。以上のことを、ふまえた上で、リチャード・ローティの「改良主義左翼」なるものの、検討にはいってゆこう。

●――ローティの「改良主義左翼」という問題意識――「レーニンとの結びつきを断つべきだ」

ローティの『アメリカ――未完のプロジェクト』（晃洋書房、二〇〇〇年、訳・小沢照彦）、「第二講義　改良主義左翼の衰退」からの引用からはじめたい。

ローティは、以下のように語ることによって、ローティがここで書いているように、「革命的左翼と自由主義者（リベラル）」の垣根をとっぱらおうというわけだ。どのように？

「二〇世紀末の今日、マルクス主義は一七世紀末のローマカトリック教会の立場にある。一七世紀末までにはルネッサンス時代の教皇権と異端審問の恐ろしさは十分知れ渡っていた。多くのキリスト教徒は、ローマの司教たちが活動をやめてくれたら一番良いのにと思っていた。キリスト教徒は教皇権よりずっと前から存在しており、教皇権などなくなったほうがずっとうまくいくだろう、とキリスト教徒たちは指摘していた。

マルクス主義についても類似の見解を、現代の東ヨーロッパと中央ヨーロッパの人びとは持っている。彼らは正しいとわたしは思う。社会民主主義と経済的公平の思想は、マルクス主義が現われるずっと前から存在しており、『マルクス＝レーニン主義』が発明されなかったならば、もっとはるかに実現に近づいていただろう、とこれらの人びとは述べている。レーニンが失敗していたならば、ロシアははるかに裕福になっていたとソビエト共産党の最後の書記長が指摘しているのであるから、〈左翼〉の人びとは、〈ヴォルシェヴィキ革命〉について感傷的になるのをやめるべきである。左翼の人びとは、初期のプロテスタントたちが〈ペテロの首位権〉の教義を拒否したように、レーニンとの結びつきを断固として断つべきである。

私たちアメリカ人にとって重要なことは、アメリカの〈左翼〉の物語を語る際に、マルクス主義の影響を受けないことである。資本主義は打倒されねばならないと確信している人々だけが左翼と見なされ、それ以外のすべての人々は弱虫の自由主義者であり、自己欺瞞のブルジョア改良主義者であるというマルクス主義者の巧妙な操作を私たちは拒否すべきである。……私たちの語彙――例えば『商品化』や『イデオロギー』のようなさまざまな目的のために使われすぎる語彙――を混乱させるマルクス主義の他の語彙とともに、私たちは左翼対自由主義者の区別も捨てるべきだと思う。

ケレンスキーがレーニンをチューリヒへ送り返すことができたならば、マルクスは、富める者が貧しい者を貧困にするためにいかに工業化を利用するかを予測した輝かしい政治経済学者として、今でも尊敬されていただろう。しかし、マルクスの歴史哲学は、ハーバート・スペンサーの歴史哲学と同じように、一九世紀の骨董品のように思われていただろう。左翼の人々は、マルクス主義的スコラ哲学に時間を費やすこともなかっただろうし、また生産手段の国有化が社会的正義を実現する唯一の道であるなどとあんなに進んで思い込むこともなかっただろう。左翼の人々は、デューイが推奨したプラグマティズム的で実験的な精神を持って、プロレタリアートの貧困化を防ぐための提言をそれぞれの国で評価しただろう。真の革命的左翼と優柔不断な自由主義的改良主義者の対照など決して定着することはなかっただろう。

一九四五年から一九六四年の間に『社会主義者』を自称するアメリカ人を呼ぶ時、『旧左翼（Old Left）』という言葉を使うべきではないと思う。一九〇〇年から一九六四年の間、弱者を強者から守るために立憲民主主義の枠組のなかで奮闘していたすべてのアメリカ人を包括して、『改良主義左翼（reformist left）』という言葉を使用するよう私は提案する。この言葉には『共産主義者』や『社会主義者』を自称する多くの人々だけでなく、そのどちらをも自称することなど考えてもいなかった多くの人々も含まれる。立憲民主主義という組織の中で社会正義のために働くことはもはや不可能であると一九六四年ごろ決断した人々――ほとんどが学生――を表すために『新左翼（New Left）』という言葉が使用されるだろう。

わたしが述べている『改良主義左翼』という言葉の意味では、……フランクリン・デラノワ・ローズベルト大統領――福祉国家の基礎を造り、労働者が労働組合に加入することをうながす一方、アフリカ系アメリカ人に頑固に背を向けていた大統領――も、パートタイム左翼と見なされる。リンドン・ジョンソン大統領もパートタイム左翼と見なされる。ジョンソン大統領は、ベトナムの子供たちを何十万も虐殺することを黙認したが、アメリカ合衆国の貧しい子供たちのために、以前のどの大統領よりも多くのことをしたからである。政治家は〈左翼〉の人間とみなされるためにどれだけの時間を左翼的改革に費やすべきか、それを特定する基準をわたしは提案することができないし、また私たちはそのような基準を必要としない。

『改良主義左翼』という私の言葉は、〈右翼〉が恐れ憎んでいたほとんどの人々を含み、そうすることでマルクス主義者が左翼と自由主義者の間に引こうとした境界線を不明瞭にしようとするものである」(四四〜四七頁)。

●——ベトナム戦争のジョンソン大統領も「パートタイム左翼」?!

ここに書かれているマルクス主義の史的唯物論などについてのローティの批判的言説は、ソ連派=正統派に対するものであることは、指摘しておくとして、ローティは、これから見るように、体制批判(反帝)ではなく、これと対立させる形で、社会を良くするためには法律案などにもとづく活動が必要だと展開してゆくのである。

まさに「ジョンソン大統領は、ベトナムの子供たちを何十万も虐殺することを黙認したが、アメリカ合衆国の貧しい子どもたちのために、以前のどの大統領よりも多くのことをした」。「『改良主義左翼』というわたしの言葉は、〈右翼〉がおそれ憎んでいたほとんどの人々を含み、そうすることでマルクス主義者が左翼と自由主義者の間に引こうとした境界線を不明瞭にしようとするものである」。

仮にそうなら、それは、ベトナム戦争への国民動員のためだという以外ない。当時の合衆国は徴兵制があり、「国民的」規模での徴兵が行われた。全国的なベトナム反戦闘争が勃発する中、その戦争のためには、例えば、社会保障制度を充実させないと、戦争への支持などは到底、得られなかっただろう。だからそれは一種の、帝国主義の労働力動員政策であり、それが左翼の政策かどうかは、修辞の問題でしかないだろう。

ともかくこうした考え方が、ローティのプラグマティズムの一つの考え方になっているものだ。このローティの指向は、〈階級闘争〉という考え方を、左翼運動から排除するものだ。「階級協調」というなまやさしいものではなく、「階級解体」を、労働者階級に強制し、ラディカルな反戦平和運動を解体しようとするものとなる以外ない。帝国主義戦争を組織している張本人が、なぜ「パートタイム左翼」などとして免罪されねばならないのか、意味不明だ。

●──「文化左翼」のアメリカ国家に対する自己否定要求をローティは批判する

ローティは、この文脈で、国家＝戦争機械という考え方や「帝国主義国における革命的祖国敗北主義」という考え方とは一八〇度反対に位置し、自国の侵略と他国に対する植民地主義の歴史を反省することを主要な脈絡として歴史を考え、それをつうじて社会を変革してゆこうとする考え方を批判している。それはローティが言うところの「改良主義左翼」の考え方ではないというわけだ。

以下、引用は全て『アメリカ――未完のプロジェクト』、「アメリカ国家の誇り」からの引用である。

「あの悲惨なベトナム戦争の結果、私たちの国は完成できないのではないか――あのベトナム戦争は決して許されないだけでなく、私たちが罪の内に生まれた救いようのない国民であることをしめしたのではないか――と考える世代のアメリカ人が出現した。この懸念はなかなか消えさらない。それが消え去らないかぎり、そして〈アメリカ左翼〉が国家に対する誇りを持てないままでいるかぎり、アメリカには政治〈左翼〉はなく、文化〈左翼〉だけしか存在しないことになるだろう」（四一頁）。

ローティの文章は、そこで終わっている。これを結語とした、「アメリカ国家の誇り」はこう述べている。

ローティいうところの「文化左翼」と「政治左翼」との対比だ。

「フーコーやハイデガーから得られる歴史観では、アメリカ合衆国二〇〇年の歴史――実際には啓蒙主義以来のヨーロッパ人とアメリカ人の歴史――には偽善と自己欺瞞が充満しているのである。フーコーの読者たちは、この二〇〇年間にいかなる束縛も解かれることはなかったという信念、つまり残酷な古い鎖がほんの少しばかり苦痛の少ない鎖と取り代えられただけであるという信念を育んでいる。ハイデガーが描いているアメリカは、世界を近代科学技術でおおうことによって、不毛の地を拡大している。フーコーとハイデガーの説に納得する人々は、アメリカ合衆国をシルコウと同じように見ているのである。つまりアメリカ合衆国をできるだけ速やかに、まったく異なるものによって取り代えられるのを願わざるを得ないものと見なしているのである。

そのような人々は、アメリカ国民であることに誇りを持つことができず、選挙による政治に積極的に参加することは無意味であると思っている。そのような人々は、アメリカに対する愛国心を、アフリカ奴隷の輸入、先住アメリカ人の虐殺、原始林の乱伐、ベトナム戦争などアメリカの行ってきた残虐行為を是認する態度と結びつけて考える。そのような人々には、国家に対して誇りを持つにふさわしいものは、ただ狂信的な愛国主義者、つまりアメリカはこれからも湾岸戦争のようなことを画策し、アメリカが望むときにはいつでもどこにでも強大な武力を差し向けることができる、そのようなことを喜ぶアメリカ人だけであると考える人が多い。……しかし、そのような洞察力を持っていても、彼らは法律を作ることも、政治運動に関わることも、国家に対する希望を持つこともしようとはしない」(六〜七頁)。

●――国家に対する希望――「アメリカの道徳的アイデンティティはこれから完成される」?!

これに対して、「政治左翼」、「希望の政党は」と、ローティは論じる。

「〈左翼〉、希望の政党は、アメリカの道徳的アイデンティティが保持されねばならないというよりも、これから完成されるべきものと見なしている。〈右翼〉は、アメリカがすでに道徳的アイデンティティを持っていると考え、そのアイデンティティをそのままにしておくことを望んでいる。〈右翼〉は、経済的・政治的変化を恐れ、それゆえ簡単に金持ちで権力のある人々――そのような変化を未然に防ぐことによって、利己的利益が満たされる人々――の人質になってしまう」(三三頁)。

しかし、こうした政治左翼に対し、文化左翼は……とローティは言う。

「私がこの講義の初めに述べたことは、多くのアメリカ人の学生と教師の中に、自分たちの国を完成することを夢みている〈左翼〉よりも、むしろ自分たちの国を傍観者のように嫌悪感を抱いて嘲笑している〈左翼〉がいることだった。……この〈左翼〉のメンバーたちは、自分たちの国から一歩退き、自分が述べているように、自分たちの国を『理論化(theorize)』する。……つまりこの〈左翼〉のメンバーたちは、現実の政治よりも文化の政治を優先させ、社会的正義にかなうように民主主義の制度がつくり直されるかもしれないという、まさにそのような考え方をばかにする。そうして彼らは希望よりも知識を優先させるのである」(三八〜三九頁)。

「〈フーコー派〉は、不幸にも科学的厳密さに対するマルクス主義の強迫観念への回帰を示している。この〈左翼〉は、今でも歴史的出来事を理論的文脈の中に置こうとしている。そてして〈フーコー派左翼〉は、政治に対する哲学の重要性を誇張し、現に起こっている出来事の意味に洗練された理論的分析を行うべくそのエネルギーを濫費している（大きなお世話だ――引用者・渋谷）。しかし、〈フーコー派左翼〉の理論的洗練さは、左翼思想政治にとってはエンゲルスの弁証法的唯物論よりもはるかに無益なものである（おお！――引用者・渋谷）。少なくとも、エンゲルスには終末論があった（それこそ、歴史の目的論、法則実在論にもとづく形而上学だったではないか！――引用者・渋谷）。フーコー派左翼の人々にはそれさえもない。フーコー派左翼の人々は、自由主義的改良主義のイニシアティブを、信頼のできない自由主義的『ヒューマニズム』の徴候と見なすので、新しい社会的実験を立案することにあまり関心がない」（四〇〜四一頁）。

ローティはこうしてラディカルな思考でもって、現実変革の武器をつくりながら闘おうとする左翼を「文化左翼」と批判するのである。これがローティの文化左翼批判＝改良主義左翼の宣揚をなすロジックということになる。

あとがき

一九九〇年を前後する「ソ連・東欧圏」の崩壊は、米ソ冷戦の終わりを告げるものだった。だが、それは決して、資本主義の矛盾が、搾取と収奪がなくなったわけではなく、むしろより露骨な搾取と収奪が新自由主義とグローバリゼーションの台頭の中で展開されてきた。そしてその一つの結果として、二〇〇一年「9・11」ツインタワー破壊のイスラムゲリラによる戦闘がおこった（これには謀略説があるが、今は問わない）。

そして、アフガニスタン、イラクとつづく、アメリカ帝国主義の報復侵略戦争が展開されていった。

本書にのべたように、二一世紀は戦争と収奪の世界におおわれている。それは、一九八〇年代の米ソ冷戦期とは異なった様相を呈しており、またその過去とは違った意味で救いがたいほど、悪質な時代となっている。

ふたたび、三度、レーニン主義の時代が戻ってきたといっても決して過言ではない。戦争の時代は、革命の時代である。だが、それは、従来のような左翼急進主義に依拠した武装闘争の時代の復権を意味するのではない（それは武装闘争路線を選択肢一般から排除するものではない。たとえば、ナチスドイツの侵攻に対するブルジョア民主主義諸国で展開された「レジスタンス」も「武装闘争路線」の一つである）と私としては考えている。

それは帝国主義ブルジョアジーによる大衆収奪に対する地道な大衆運動を基礎とした、系統的な経済・社会闘争を軸とする必要がある時代だ。それがまた、本書で書いた放射能被ばくとの闘いを、一切の階級闘争を規定する状況と認識するような運動を支えるのである。

そして、そうした運動は、労働者階級と農民大衆の生活と権利のための組合運動を再生してゆく闘いをつうじて、階級的な意味と思想を獲得してゆくに違いない。個別・自治体での左派（広義）の運動もまた、以上のような位置づけの内に、帝国主義の戦争と収奪と闘う内容を獲得してゆくだろう。

＊

ＥＵ議会では、二〇一九年九月、フランスのストラスブールの会議場において、「欧州の未来に向けた重要な欧州の記憶」という、決議案が可決された。それは、第二次大戦を前後する時代において、ナチスと同様に人民抑圧をした「共産主義」を断罪せよというものである。

しかし、文章を読んでみると、それは広義の「共産主義」という思想ではなく、ソ連共産党の一党独裁で、スターリン政権がユダヤ人を抑圧していたことなど、また、「共産主義」という用語用法も、具体的な断罪の対象としては「スターリン主義やその他の独裁政権」という歴史上存在した政治体制を対象とするものにほかならない。

その文での用法としては、「Stalinism and Nazism」、「Stalinism and other dictatorships」、「some member states communist and Nazi ideologies」、「Stalinist, Nazi and other dictatorships」などという表現に明らかだ。だからこれを、反スターリン主義（広義）や、左翼共産主義などに、広げることは、その文脈からは不可能であり、あくまでも、具体的に名指しされていることから言っても、「スターリン主義」というもの、ナチス以外にも国家犯罪を犯していた体制としてのスターリン主義を対象としたものだということは、確認をしておく必要があるだろう。

これをどう考えるかだが、私の立場としては、拙著『エコロジスト・ルージュ宣言』（社会評論社、二〇一五年）の一七六頁以降に書いたように、プーランツァスが論じたような、あくまでも「一般民主主義」に基づいた政治体制の社会主義を、どうやったら、設定できるかを考察してゆく必要があるということだ。

＊

だが再度、ＥＵ議会が今、こうした決議を上げる意味を考える必要がある。

それは、ロシアの軍拡に対する対抗という意味をもったものだろう。ソ連邦時代、ＫＧＢという国家警察の官僚だった、つまり、スターリニスト官僚だった、プーチン大統領へのプレッシャーという意味はあるだろう。それによって、連合国の「安保理常任理事国」であるロシアが、ドイツのような連合国の「敵国」という規定と、同じような敵国とみなされる可能性が示唆されているのではないか。

時代は、過去の対立と複雑に結び付けられながら、展開している。そのことは、二一世紀が、また新たな「帝国主義間対立・抗争」の時代に、入っていることを、示唆して余りあるのではないか。そのことを、分析することが非常に重要だと考える昨今である。

最後になってしまったが、香港の民主化運動、カタルーニャの独立運動に連帯を表明します。今後はこうした民衆運動の分析について拙著でもやってゆきたいと考えている。

本書の刊行の機会を与えてくださった、社会評論社の新孝一氏、松田健二社長に、心よりのお礼を申し上げます。本書への理論的な質問には時間の許す限りお答えすることをのべ、あとがきとすることにしたい。

二〇一九年晩秋　京都にて——安倍首相主催の「桜を見る会」私物化疑惑の報道を聞きながら

渋谷要

渋谷要（しぶや・かなめ）

1955年京都生まれ。評論家。

季刊『クライシス』編集委員（第三期編集委員会1984年～終刊1990年）。

1990年代からは、雑誌『理論戦線』、『理戦』に多くの論文を執筆した（2000年代まで）。現在はブログ「赤いエコロジスト」を開設している。

京都・洛南高校進学コース自主退学→公立高校定時制で学びながら、文部省大学入学資格検定試験（大検）合格→1977年中央大学入学。

学生時代は黒ヘルメットのノンセクト・ラジカル。1984年、学生ノンセクトの大学間共闘「首都圏学生実行委員会」（拠点・東大駒場etc）結成にOBとして参加。

1990年、「帝国主義打倒！　スターリン主義の克服を！」をメインスローガンとしていた「戦旗・共産主義者同盟」（のち「ブント」に改称。2008年1月、党員総会で解党決議。いわゆる蔑称「戦旗・日向派」）結集。

94年、党中央常任・「編集局員」に。2005年12月「ブント」離党。

2015年より、東京にあるノンセクト系のフリーターの労働組合に加入している。

著書に『廣松哲学ノート』（2016年）、『エコロジスト・ルージュ宣言』（2015年）、『世界資本主義と共同体』（2014年）、『アウトノミーのマルクス主義へ』（2008年）、『ロシア・マルクス主義と自由』（2007年）、『国家とマルチチュード――廣松哲学と主権の現象学』（2006年）、以上、社会評論社。

『前衛の蹉跌』（2000年、実践社）、『ブントの新改憲論』（筆名・大崎洋、1993年、戦旗共産同編集局）など。

資本主義批判の政治経済学　グローバリズムと帝国主義に関するノート

2019年12月25日　初版第1刷発行

著　者＊渋谷要
装　幀＊後藤トシノブ
発行人＊松田健二
発行所＊株式会社社会評論社
東京都文京区本郷2-3-10
tel.03-3814-3861/fax.03-3818-2808
http://www.shahyo.com/
印刷・製本＊倉敷印刷株式会社

Printed in Japan